超級神算

八字十神洩天機【中冊】

繼八字時空洩天機雷風集後
史上最空前舉世的編排組合

超越時空、超越傳統、超越大自然的八字工具書

結合時空論命訣竅及易經原理、直斷訣，論命技巧與思想，精華串連起來

彙集萬戈勺一套學術

◎太乙（天易）編著

國家圖書館出版品預行編目資料

八字十神洩天機 / 太乙編著 — 初版 --
臺南市:易林堂文化， 2013.01 - 冊 ； 公分
ISBN 978-986-88471-7-0(上冊 :平裝) - -
ISBN 978-986-89742-3-4(中冊:平裝附數位影音光碟)
1. 命書 2.生辰八字
293.1 101028011

八字十神洩天機-中冊

作 者 / 太乙
總 編 輯 / 杜佩穗
執行編輯 / 王彩鸞
發 行 人 / 楊貴美
美編設計 / 圓杜杜工作室
出 版 者 / 易林堂文化事業
發 行 者 / 易林堂文化事業
地 址 / 台南市中華南路一段186巷2號
電 話 / (06)2131017 傳 真 / (06)2130812
郵局帳號: 局號 0031204 帳號 0571561 戶名:楊貴美
電子信箱 / too_sg@yahoo.com.tw
2014年4月13 初版

總 經 銷 / 紅螞蟻圖書有限公司
地 址 / 台北市內湖區舊宗路二段121巷28號4樓
網 站 / www.e-redant.com
郵撥帳號 / 1604621-1 紅螞蟻圖書有限公司
電 話 / (02)27953656 傳 真 / (02)27954100
定 價 398元

目　　錄

八字命理界的新教科書

　　自古以來,可以預言未來的學問總是披蓋著神秘的面紗,讓人想一窺究竟,自己也因為好奇心的驅使而接觸了八字命理,令人驚艷的是太乙老師的學術不需身陷於傳統身強身弱的傳統理論中,只要利用大自然的習性對應即可知曉過去、現在以及預知未來,然而,這又是為什麼擺脫了傳統八字理論後仍更加準確的論斷,就是「契機」,腦中閃過的念頭或疑問決定了當下的空間結構產生的卦象則稱為時空卦。也因為時空卦的高準確度,吸引了我加入太乙老師終身班好好研習,想要更深入了解這門學問。

　　太乙老師總是不藏私,一再傳授他多年來的命理研究心得,雖然已經完成了終身班的課程,仍能跟著新進的同學在課堂上旁聽,每次上課總是有不同的收穫,每週最期待的就是聽太乙老師上課,除了可以學到太乙老師所傳授的學術,還能跟師兄師姐共同討論,學習不同的切入方式,每一次的上課學習都讓人有不同的省思與思維。

　　在太乙老師的推薦下加入了師資群，起先很擔心自己的能力不足，但老師總說＂你可以的！！＂，一再一再加強我們的自信，鼓勵參加義相活動，增加自己的經驗值，太乙老師總很積極將學生推向舞台，並不擔心學生搶了風采，一再希望我們可以發問，不怕學生問只怕學生不問。

　　在學習這門學術後，發現只要這一套學術就能串連風水、易經或是奇門遁甲通關術，無須再另外花時間金錢去做其他的專門學習，最基礎的十天干或是十二地支對應（兩儀卦），或是時空卦甚至於八字都可以利用兩個字的對應即可論述出事情的概況，可想見這門學問的靈活度與高準確度是還執著於身強身弱的人所無法想像的。

　　曾經在義相活動中有個諮詢者面無表情坐下來，她只說要問感情，當下我選用兩儀卦來回答她的問題，她笑了，並且告訴我論斷得很準；還有另一位在解答他的疑惑後想以蛋糕來表達感謝，且不管對方是以試探或是帶著困惑的心態而來，總是能以我們的學術以很快的速度並準確告訴對方過去、現在及未來，協助諮詢者解決疑惑甚至加強他們的自信心；此外，當自己遇到疑惑時也常常自行起時空卦、兩儀卦或是易經占卜來趨吉避凶，至今深深感覺不管是助人或是自用都是相當的實用。

　　我想沒有人可以像太乙老師有如此的胸襟願意無私分享所學，不在意學生比老師耀眼，只能說自己相當有福氣在一開始學習命理這條路就能遇見太乙老師，在這條學習的路上少走了許多冤枉路，將老師所出版的書籍當做教科書般研讀，每次的翻閱總是可以讓自己提升些許的功力，不被傳統刑、沖、會、合、害的名詞所綁架，只要了解十天干十二地支的定義後就已經有一半的功力了，對命理有興趣的人這是相當適合入門的書籍，很值得推薦。

　　　　　　　　　　　　　學生　天晴

　　　　歲次甲午年丙寅月

　　　　民國一百零三年二月七日 乙酉日

史上應用最快速的學術，
準到來不及呼吸和眨眼

　　第一次接觸太乙文化的命理時，太乙文化的師資們論斷自己周遭的事項都準到驚為天人的地步，讓人不得不懷疑太乙文化師資是否都有通靈的境界！誤以為是遇到詐騙集團，因為詐騙集團都會不知從何管道知道我們的個人資料，後來加入太乙文化學習進階的八字學理發現原來這一切的一切，都是有軌跡脈絡可追尋，驚覺太乙老師的學術真的是令人不得不佩服到五體投地！

　　身為太乙文化命理的師資，太乙老師時常告訴學生們：『人生不如意十之八九』，因為當諮詢者找我們論斷八字時，可能就是面臨到人生的十字路口而感到徬徨無措的時候，而身為命理師的我們是要告訴諮詢者重新找回人生的方向，而不是讓他們對人生感到絕望與失望，透過分析你的八字格局，追尋出你的人生脈落來告訴你如何趨吉避凶，化險為夷的方式，讓你在對的時機點做出對的判斷與決定。每次參與救國團、獅子會的免費義相活動時，諮詢者從愁眉苦臉到破涕為笑似乎找到人生對的方向時，一臉滿意的告訴我：『我知道該怎麼做了！』，也讓我感覺研習八字不只是讓自己可以看透一些人生，掌握自己的未來方向，也能幫助別人，讓諮詢者能夠重新找回人生正軌。

　　人活著就像五行中的木一樣（甲乙木），需要水的滋潤（壬癸水）、火的溫度（丙丁火）、土地的孕育（戊己土）、空氣的吐納（庚辛金）才能穩定成長，所以日常生活中的五行缺一不可，太乙老師將自然界五行來應用於八字當中解析，透過觀象、聯想的方式快速從不同角度來切入，學理相當的靈活，強調天干、地支的五行要完全瞭解熟悉，有別於傳統的口訣記憶，能運用的地方也很豐富，有八字、兩儀卦、時空卦、陽宅風水、易經卦…等等，一套學術能夠將各種應用加以結合，融會貫通而快速應用。

　　關於『快速應用』這一點，就是太乙老師這套學術最值得學習的一個重點了！以『兩儀卦』為例，曾經有次諮詢者來詢問她和男朋友之間是否會有進展，占卜出來結果為『戊土對戊土』，兩人之間的關係就像兩座山一樣，高山為堅硬之土，所以代表誰也不想讓誰的象，兩人很常因為堅持自己的意見而絕不退讓，諮詢者回應說：『對，沒錯，可是她就是不想只聽男朋友的話而退讓。』雖然兩儀卦的占卜方式只運用了兩個天干，看似簡單，但是卻能快速切入諮詢者與男朋友之間的關係，瞭解關係後就能化解兩人之間的狀況。另外以『時空卦』為例，問待在原工作好不好？

卦象如下：

分	時	日	月	年
丁	丁	壬	乙	癸
未	未	辰	卯	巳

　　年月柱代表與上司互動的情性，時分柱代表跟部屬、同事互動的情性。此卦中諮詢者有跟同事說想要離開此公司，而時分柱為丁壬合的象，表示同事不想讓他離開。此卦中，日柱代表諮詢者，與上司、老闆月柱乙卯不斷成長，充滿春天之氣，而丁壬合化木，又可以在未土之上持續成長，表示在此公司能夠繼續蓬勃發展，所以待在原公司能有不錯的發展。由以上案例可以發現，這門學術的『快速應用』不但準確，使用速度又相當快速，常常快到讓諮詢者驚訝到拍案叫絕，瞠目結舌。

　　自從學習了『時空卦』之後，隨時隨地起卦變成一種生活習慣，時常與老師與同學們互相討論來增加熟悉度，至今已在太乙老師門下學習八字快兩年了，太乙老師相當不吝惜提攜後進，引薦於『台南東門救國團』開班『生活八字王』教導對八字有興趣的朋友們，這是一個讓我練習與人互動八字和教學相長的一個方式，透過教學不但能夠知道自己的問題在哪，還是個能讓自己調整與諮詢者應對的捷徑，歡迎大家對八字有興趣的可以一同來學習指教。

學生　謝天機　筆

民國一百零三年二月四日丙午日

步入社會大學的捷徑

　　我原本是一位教國中數學的補習班老師，由於對算命—四柱八字非常有興趣，起先就去書局買一些相關的書籍回來看，但傳統的八字學有很多艱深的詞句及觀念，靠自修是看不懂的，所以就參加了救國團宏宥老師開的兩儀卦、時空卦及四柱八字學，開始了拜師學藝的學習過程，由教「數學」跨入學「算術」（算命的方術）的學術領域。

　　人生有許命運的紅綠燈，在感情方面或事業方面…等等，是向右轉還是向左轉，徬徨無助，沒有一個目標、方向，學習命理五術，經過老師的指點，可以給我們一個正確的方向，免得走了很多冤枉路，宏宥老師可說是我的命理學啟蒙老師，有她的指導，受益匪淺，後來為了更精進，又參加太乙老師的終身班（進階高級班）加入了太乙文化事業的團隊，共同為命理文化事業打拼。

在終身班學習過程當中，親身經歷，見識到太乙老師學識的淵博及和藹可親生動的教學態度，在我們人生的崎路點跌入古底時，能給我們指點、扶助，有如“千年暗室”，得一燈火朗照仙人指路般的神奇，解決了學生很多的難題，欣逢太乙老師要出書，特別寫此序文，期望廣大的讀者能在讀過老師的著作之後，更能了解到更深奧的命學道理，也期望同好們將首往命理學術的領域路上能得到更巨大的能量，早日取得社會大學的畢業證書。

　　　　　　　　　　學生　葉明堯

　　　　　歲次甲午年丙寅月甲寅日
　　　　　民國一百零三年二月十二日

無私的教導奉獻
此時連天地鬼神都會來幫您

　　一直以來在救國團及生活美學館教授課程時，我都會以一字論命(稱一字斷)及一柱論命(稱一柱斷)，作為初階入門可現學現賣的一個開場，讓學生馬上可瞭解一個字的天干或二個字的天干對天干(解開神奇數字代碼〈一〉，有詳細的一百組對應組合)，或地支對地支(於八字決戰一生 01、02 的生肖占卜篇，有一百四十四組對應組合)或天干對照地支的一柱論命對應關係，馬上可以應用到現實生活的食、衣、住、行，也可以作為占卜的一個快速工具，可在一至二堂課程內，連完全不懂天干、地支的人都能應用自如，雖然應用的一字斷或一柱斷，都是八字的基礎學，但這些基礎是讓您進入八字必須具備的干支理論，因為一柱斷是用天干當主體，應用地支作為交媾，產生了氣的變化，形成了十個星宿，我們稱財、官、印、比、食。

　　「一柱斷只對應了一個地支」是初學者入門必備的一個基礎，而非五術堂奧，真正的五術堂奧在於八字的八個定位，演變成數以千萬的變化，是讓您無法思索這交錯複雜之變化的力量，當然也可以結合姓名學、易經、風水學、紫微斗數及應用在日常生活的道理，聽起

來有點神，但它是有一定的軌道在推演，而不是天馬行空，講的很神，只有老師自己講的會，所有學生都不會，那就失去了傳承命理教學的意義了。因為宇宙間的事物，本來就是有很多共通性的平行線，比如說感冒，吃Ａ藥會好，當然吃Ｂ藥或Ｃ藥都可以治好感冒，不足為奇，八字所有人、事、地、物的推演及六親定位，包含至無形的鬼神無形之定位，及前世因果斷論之定位，都是有跡可尋，**而不是講的嚇死人，論的笑死人。**

中國的五術，是要作傳承的，而不是閉門造車，在課堂上怕學生比老師厲害，就是代表老師沒東西可教、沒自信；怕學生背叛老師，那也代表老師的能力比學生差；我常常在課堂上說：「如怕學生搶了老師的舞台，就是老師沒有道德、沒有良心。」

這句話怎麼說呢？

當你收了學生的學費，你就是要有責任及義務教導學生讓他們可以將您的學術傳承下去，也可以代替您的位置，可以賺回所繳的這些錢，要不然學生如何生活？又如何生存呢？這所謂的「**青出於藍、勝於藍**」。您說：「只有老師可以教，學生要等老師死才可以教，那您如果不死呢？是不是要換學生餓死了，這樣是不是當老師的人超級沒有良心及沒道德呢？」那乾脆就不用教學生，就沒有學生會搶走老師的飯碗了。

　　在我眼裡，五術命理只有工具，沒有祕訣，當你把他當作祕訣時，你就產生了私心，就捨不得教學生了，試想！收了高額的學費，又留了幾手，那道德呢？良心呢？道德良心都被狗吃了，這還有東西、有料可教學生嗎？如所有五術老師把所得的訣竅當作工具時，就會專心及用心的去推演，不會偏離軌道，因為只要偏離軌道，那副工具就無法使用了，當把它當作是工具無私心的傳授時，連天地鬼神都會來幫你。不信的話，從今天起，您用無私心的方式去教學，您會發現會有更多的工具可使用，可以讓你更神準的推演，因為這是上天送給您最大的獎勵。

編著　**太乙**　謹識

賜教電話：0982-571-648　　06-2158531
中華民國一百零三年元月一日
歲次癸巳年小寒前4日壬申日丙午時

五行生命代表的元素

木、火、土、金、水五行元素裏，只有木有生命，所以可代表人性本身的一個主體，當木受傷時，既代表人受傷，當然木代表的一切人、事、地、物也相對的受到阻礙，古人常以一句俗諺來代表木的成長、穩定、茁壯，「**貓來冨（發）、狗來起大厝**」，貓在十二地支當中代表寅，以木代表人的話，寅即是木的祿，祿代表財，當貓來時，即代表祿進來，就是所謂的貓來冨（發）。

狗即代表戌，甲木需要戌的高山之土，才能穩定甲木的根基，讓甲木有良好的土地成長茁壯，就是代表甲木有好的安身立命之地，即代表家，所以狗來起大厝（家），此俗諺道盡了人以甲木作為指標性的代表，貓為寅為甲木的祿、為財利，狗為戌、為高山之土、穩定性高的土、忠誠度高的戌，為甲木的磐石。那其他的火、土、金、水四行呢？即為木所遇到的週遭環境，佛禮所說的地（土）、水（水資源）、火（能量、能源）、風（金、成就、果實）。

（以下木、火、土、金、水篇由太乙文化事業
　　　　　　　　　　許碧月老師撰寫提供）

木篇

釋放有益於大地的氣息

木代表呆板、深沉、寬厚、奉獻、不傷害別人，不怕酷熱、不畏寒冬，只尋找自我的成長和造蔭別人。具有調節水份、空氣，釋放有益於大地的氣息，如芬多精。

木從生成到結束，都是造福人羣，不傷害他人，在生活中，從中醫藥、床、板、桌、梯、門、造船、文化用品、衛生紙……，一切生活所需，都是它奉獻而來。日本人還把木製成木劍當做武器在使用，木最終的用途，還可燒水、煮飯，在成灰爐時，還可當大地的養份。整棵樹木，從根到枝幹，全是寶，甲木可為高貴的元素。

乙木屬柔木，喜攀緣，找尋水的滋養，追逐陽光，善於融入團體、平易近人，為求生存保護自己而偽裝、虛假，一生成功、名利能有所得，宜防秋冬之季及不擇手段，短暫的光輝，將墮於毀滅。

火篇

火無法低調的熱情

火代表世間的名成利就、權勢在握。火有大、中、小不同的作用；大如太陽光芒四射，照明大地萬物，滋養生命成長，擺脫黑暗，迎向黎明，生機盎然。中火是世間災難、火災、燒盡一切萬物。小火如生命烹煮食物之火，身體發炎之火，心裡面的無形之火、感受。

遠古時代，人類不知有火，食物都是生食，演變到鑽木取火，進化到現在的電力、瓦斯生活，用於生活中煮食取暖。無形火是祖先留下的能量、餘溫；祖先的光芒，它的涵意是「德」生命的經驗。和科技演繹進步，從個人工作室擴展到無限雲端的生活，火的能量，無遠弗屆。

另一個火是身體器官的病變、發炎如：腦火、肺火、心火、肝火、腎火……，怒火中燒，水深火熱、炮火隆隆，生命正遭受苦難折磨。

丙火重過程熱情大愛無私。丁火重結果、不安全感、能力強。

土篇

土是萬物生存，寄付之處

在地球上的每一個方位，每一處，都存在於不同的地理、環境、人文、氣候、飲食、文化，在土地裡讓人學習著，每一項食、衣、住、行，如何使心靈更開闊，視野更寬廣，古人言：讀萬卷書，行萬里路，走遍大地四方，知識會增長，思考會啟發，時間跟空間的移動會讓人覺得自身的渺小。

土地與土地之間的刑、沖是大自然中五行最輕微的沖，但也會成為最巨大的變化，乃星球毀滅，即代表金錢、事業重新而來。它們暗藏保有能量，有溼度、溫度、能量，如越深的土裡，抽出溫泉那是熱，對萬物有益；有一股神秘的力量如：岩漿的流動，蚯蚓蠕動生機，種子的發芽……，土裡的元素，還可讓一些微小生物寒冬藏伏土中，不吃不喝的睡著。

土會流失，土會流動，土會遭受著天災人禍的催殘，土代表堅實，無怨無悔的韌性，也是世間萬物之母。

戊土高山、地球之原貌、固執、堅持己見，眼光獨到。己土屬平地，能得天地給予的小資源，平易近人，但較沒原則。

金篇

是生命中物質生活安全的保障

金在世間是高貴、尖銳、堅硬、冷漠的金屬，表象：權勢、富貴，是生命中物質生活安全的保障。所有的錢財都以「金」為靠山，沒有「金」就沒有錢；古代的銀兩以金代表錢幣，它是絕對的貴重，所以人生永無止境的追求。金也代表口，口腹蜜劍，恭維巴結，阿諛奉承，滿足自私貪婪的人之本性，而詐死天下人；話出如刀，字字鏗鏘有力，直指人心、正義凜然，消滅邪惡病毒。

金所帶來的傳播訊息引喻著：世事難料，當富貴逼人，權力名望，顯得高不可攀時，一旦福報花盡，無常降臨時，一切化為烏有，所得只有悲慘和苦痛，知福惜福，行善修德，可避之，化之。

庚金權利、慾望、魄力、毀滅、成長之代表。
辛金富貴、迷失、安逸、仙佛、守成之代表。

水篇

水是萬物成長的資源

　　水代表柔軟，拿刀子切不斷它，用武器消滅不了它，水可以穿透一切萬物，滋潤、蘊育一切萬物，沒有了水，就是毀滅，世間不存在。水是萬物的根源，有土沒有水，還是起不了作用，所以太空船在宇宙中，每一個星球裡尋找水，因為沒有水，就沒有生命，有水就會有生物的存在。水代表柔軟心，有了柔軟心，就能天下無敵，沒有對手。世間沒有物質元素，比水還要柔軟，還要重要。

　　壬水是自由自在，任我行，隨心而為，隨時侵伐別人，它也毀滅一切生物，傷害大地。水帶來了土石流、災難，或是清涼舒暢，如醍醐灌頂，因人心淨、污而變。

　　癸水是木滋潤之源，也是萬物成長的根本，大愛、有私心、重績效。

（以上木、火、土、金、水篇由太乙文化事業

　　　　　　　　　許碧月老師撰寫提供）

《內容摘要》

問題解析

一. 四柱八字可代表四季春夏秋冬的過程就像人的一生，傳統以年柱代表春天即是幼年階段 0-16 歲，夏天月柱代表 17-32 歲，秋天日柱秋收代表 33-48 歲，冬天時柱冬藏代表 49-64 歲。但因為現代人壽命增長故可以一柱代表 20 年來看。

二. 春天是開創蓬勃之象，人在 1-20 歲時不斷學習從不會變成會、從沒有變成有、無中生有、是開創，故八字木旺者會成為是生意人、大企業家，或其名字有木字根(甲木)，有草字根(乙木，卯)如蓁或寅字根(虎)旺者皆是。

問:寅木和甲木何者較辛苦?

答:甲木不等同寅木，因為甲木之根是寅，而寅木本氣是甲，甲木是顯於外的已被看到的樹，寅木是初春寒氣還重(丑月融冰氣寒冷)尚待破土而出的木要經過一番辛苦，因此八字有寅的人或名字字根有寅的人會經歷死裡逃生這一關。

　　寅木之人做生意不是人人都可獲利，因需經過丑土寒冬破土而出的考驗甲木可以度過寒冬但乙木就不行，故小月代表冬天，人身體不好時也代表進入冬天，或晚上 9 點後，以及感到不舒服時也可如此論斷，因此甲木比寅木更為活耀。

三. 一年四季春夏秋冬的變化縮小後比喻成一天來看，
每天也有四季的變化，參閱「八字時空洩天機＿雷
集」48 頁「五行於一天內的行成」

問：一個人心情鬱悶代表走到冬天的情性，為何說亥亥
自刑？

答：亥於 12 辟卦稱之坤為地，全陰無陽產生恐懼不安，
如再加上一個亥變成憂加憂，就更無生機可言，如
此就是進入冬天的情性。

四.

問：每一個人都可代表『甲木』，何也？

答：五行裡只有木是有生命的，傳統命理謂木生火是錯
的，以自然現象論當木能生火時此木為枯木死木，
在火葬場才會看到，木盡火熄回歸塵土，故太乙老
師曰：木生火為「兩敗俱傷」是死亡。師論為『火
生木』太陽給我們能量、磁場，造就木生意盎然有
生機，人都喜歡春夏之氣，讓我們活潑生長充滿企
圖心，因此人在年輕的時候（春天）充滿理想，我想
當…我一定要做…。

五. 孔子提倡儒家，由儒字就知人需要教育、需要雨露
之水的灌溉、重視教育、重視春天之氣。

六.

問：到底是火生木或木生火？

答：當我們求十神公式時用木生火，強調固定模式、死亡、毀滅、兩敗俱傷；而論格局高低、好壞時用火生木，強調生機，此時木火兩者都同時存在，是一種大自然的力量，因為太陽出來人就有精神。

春天強調1-20歲生長學習的過程，無中生有的過程。

七. 20歲後踏入社會也表進入夏季，夏天火盛而木也須經火的考驗才能脫胎換骨(可印證火生木經過夏天的火，木長成大樹)，再者；火生金因太陽照射海洋驅動庚辛產生風、企圖心、執行力，也是一種動態之象，以醫學知識可印證此點---人要運動和曬太陽骨頭才會硬朗健康(庚與辛代表骨頭故印證**太乙師曰：火生金**)。

八. 如上述，同學運動時一定要選在看得到陽光的時間，不要天剛亮就出去運動，因為有陽光時身體才能吸收陽氣，否則反被黑暗的陰氣、濁氣吸取我們的陽氣。

九. 學生問：以何時練氣功效果最好？

太乙老師答：以卯時八卦是震為雷，已有陽氣形成時練的效果較好，晚上練 10 次也比不上白天練一次。

十. 由上知，夏火是動態表示要經過訓練踏入社會工作接受考驗；丙火代表大自然的能量，丙火可生木而木就是人，丙火可驅動風於無形中考驗木，所以丙火引申為社會的考驗，試想我們每一個人在社會上是否多少都有壓力受到考驗，挫折壓力來自自然、來自丙火。古云：丁火煉金劈甲木，甲木要能適應金劈後，就能開花結果有收成進入秋的情性，人也是在 40-60 歲後進入秋天的情性，開始經濟穩定有名聲有收成和樹的生長過程一致。

十一. 秋天—通過夏天的考驗當然有果實可收成故秋天不以年齡做為分界，應視有無持續收入來論定，當無法靠自己的能力產生收入，就表示秋天已走完；收入可指因學習而有經驗的收穫、知識的收穫、定存的利息或投資的獲利等，不限一定是要上班工作的收入。故秋天是長、是短端賴春、夏的耕耘與努力而定。

秋天的氣最長。八字之所以論不準是因不懂春夏秋冬的變化。

十二. 無法再有收成，人走到生病、萎縮、智能退化、功能退化，害怕子女不理睬的階段還會罵人，表示進入冬天，人在亥時才會恐懼，以一天的時間而言就是晚上 9 點以後。

冬天以亥子丑代表，亥是壬水仍會流動(此時人還會到處跑)，到子時為癸水就靜止，可類比為人在等日子，到丑就不動了準備投胎，因此冬季是四季中最短的，由晚 11 點入睡 3-4 點就起床可知。

只要人還在動還能下田耕種就算 100 歲也還在秋季，他不擔憂自己，因自己還有收入能自給，只會擔憂還在春夏階段的子女能否順利。

十三. 八字的吉凶禍福在於排列順序與組合，不要拘泥於刑、沖會、合、害…等名稱，這些都不重要。如寅卯和卯寅的論斷就不同，重點在於遇在一起時會形成甚麼結果。

學生問:如巳午未和亥的組合會怎樣？

太乙老師答:人家巳午未都是白天只有亥一個是晚上，當然老和別人唱反調受排擠，是大家眼中的老鼠。

　　以上問題解析由台南生活美學館長青大學八字班，副班長何美慧上課筆錄提供。

十二地支申論

(此章節由沈芳晴老師與謝銘晃老師筆錄提供)

子（23-01）：癸

代表： 老鼠。高容量記憶體、寒冷的冬天。五行屬陰水。

子月： 代表寒冷之季、陰濕、陰暗，萬物進入冬藏，子時。

情性：

◎ 子時為晚上 11:00 至凌晨 1:00，子時開始形成雲霧（辛金），因此辛金長生在子。要保有辛金的存在需要戊或戌來維持，因為高山之土才能聚集辛金、雲霧，稱土生金，所己戊土生辛金速度很快，而己土無法生辛金，乃己與辛之關係在強調土地與種子、果實之關係，因此傳統的土生金只對一半，所以己土講的是己土生庚金，而非己土生辛金。庚金能在己土上暢行無阻，庚金代表太陽照射產生的氣流，速度較快，但若講己土生礦石庚金，時間則要很久，因此如日主庚辛金之人感受父母恩會較慢。戊土生辛金與己土生庚金所講的都是氣的概念，與傳統之五行土生金的概念有極大的差距。

◎ 十二地支中亥、子都為黑暗的水，在越冷的時候，辛金的氣越沉，所以在丑時的時候，辛金之氣會被丑收藏，而越接近酉時或申時辛金的氣才會往上飄，此乃溫度增加。子水透過加溫讓水變成辛金蒸發變為水蒸氣，水滾了庚辛兩氣同時加速產生（比喻辛金如同湯經過加熱後會有味道），重量累積後形成癸水再往下降。

◎ 子在月令是寒冷的，時辰子時為黑暗。子時生之人在其他宮位出現丙，代表這個丙是受傷的，因子時無丙。所以丙子日與丙子時，兩者間丙的力量是有差異的，當然丙子月亦是不同。
丙子時的丙並不是太陽，只是星星，因為子時無丙火太陽，是在講丁火的能量，不是講丙的能量。

◎ 丙日子時，是子讓丙受傷，可比喻為子女（時柱）在外行為讓丙陷於黑暗沒有面子而受委屈（兒女在外闖禍讓長輩承擔）。或是丙因為事業（子為丙的官星）而陷入官司，壓力重重。

◎ 地支的子有天干癸水的情性，但子與癸屬性不同，因為子鼠代表黑暗之情性，癸水並不一定是晚上之情性，癸需配上地支亥才是代表晚上的情性，子水是靜止的，但天干癸水是會動的，癸代表雨露之水，當雨水從天上大範圍灑下時，全面性的，所以癸與子在比較時，癸主動而子主靜，子旁邊遇到亥才是代表流動的水。

◎ 子遇亥是子融入亥，而亥之後遇子，是代表受傷，流血的象，前後的組合，大大不同，這就是此套學理的細微之處。

◎ 在天干地支的學理上，地支子下面寫癸，是代表子的本氣為癸。所有其它的地支亦是有本氣與餘氣之對待關係。

◎ 傳統論命有分早子時跟晚子時(子表示老鼠，老鼠前後肢的指頭數目不同)，子代表為跨陰陽，而子月是冬至的月令，因此有些人認為在冬至就算過年了。

◎ 習俗上到了晚上 23：00～24：00 稱晚子時，則換時不換日，到了凌晨 24：00～01：00 則換時也換日，稱早子時，年柱則以立春為跨年之計算。但本人在應用上則以子時(23：00 過後)就換日子，不分早子時與晚子時。

◎ 天開於子: 子月換年柱，講神明之事 。安神位時，子月冬至後已經要換年柱了。論煞應以明年之干支論煞方。

◎ 地闢於丑 :丑月換年柱。破土或動土、建築時，丑月就要換年柱了所以破土、動土建造時要以明年的干支論煞方。

◎ 人生於寅:論出生盤、生肖、生年干支，者要以寅月立春為開始。此乃講人的事情，寅月立春之後才換年柱。算人的運勢則以立春後，即寅月換年柱。如甲午年農曆正月初四，雖然已經農曆的正月初四了，但未到達立春的寅月，還是以癸巳年農曆的乙丑月論排八字。

子水在年柱：

記性好，很會思考、聰明、反應快，易鑽牛角尖。常偏頭痛，不容易入眠，出生環境會有水池、加水站、冷飲店之附近。

子水在月柱：

凡事計劃後才去執行，喜歡研究神秘學，喜歡與朋友在家談八卦、是非。客廳喜歡放置小魚缸或字畫。血液循環差、心肺功能不佳。手腳易冰冷。

子水在日柱：

房間常放置一些保健食品及藥物。喜歡在房間看書、研究功課。房間光線不佳，胃腸不好、腹痛。

子水在時柱：

事業有成後，即想要功成身退，遊山玩水，也喜歡吃保健食品。腳指容易受傷，喜歡用水桶儲備水。

丑 ：（01-03） 己、癸、辛

代表： 牛、寒冬中凍結的冰、佈滿霜雪的高山之象。
五行屬陰土陽用。

丑月： 代表凍結之氣，氣乾燥而寒冷，萬物不生，蟲
蛇進入冬眠。

情性：

◎ 丑土在後天的艮卦位，為高山之凍土，結冰之氣，丑
土遇到溫度會冰融，所以用己土代表，丑土冰融化後
會流出水流，為癸水，丑代表結冰如同冰箱需凍藏食
物種子(辛金)。所以丑土內含有本氣的己土及癸水與
辛金。

◎ 丑土在月令一定冷，在月令會傷乙跟卯，但其次是在
丑時，因丑在時辰也是寒氣，乙、卯不生，但在丑年
或丑日雖然乙、卯也會受傷但程度比丑在月令低。

◎ 丑土與子水在一起可稱為結冰，雖是子鼠與丑牛合但
卻是冷冰冰的狀況。所是我為子，其他宮位為丑，若
以生意角度來論代表貨物被凍結而無法流通、屯住，
人事關係對待也是屯住的表現。金錢支出較小心，節
儉，此乃主體丑牛時，遇到子鼠，反而是丑得到子水
之財，屬財入庫之象為守財。

◎ 如果在癸丑月發生事故，須在屬火之日才能解除狀況，或是拖過一個月後的火日才得以解決。因為癸丑如同地支的子丑關係。

◎ 如果一個人剛好癸丑月住院，而癸丑月與原局沖，第一個 10 天內的丙丁日就會出院，如果癸丑月與原局有牽絆、合要拖到第四個丙丁日，等於要一個多月才會解除，才能出院。

◎ 同樣的八字在不同的月令受傷住院，癸丑月受傷住院時間會較長，因為癸丑等於地支的子丑被凍結了。所以意外受傷時所留下的疤痕是凸起的，因為水結冰是凸起的。

◎ 癸丑月但受傷的流血量不會太大，因為是癸丑月是凍結的象，雖流血不多但易有內傷，也代表心血管 之疾。若是火旺日受傷很容易流血不止，火旺代表血一直流出。宜用力指壓，快速求醫。

丑土在年柱：

睡覺前較不喜歡思考，小時候較不知變通，堅持己見，與家人難溝通，但入學後就會改善，易居住到排水有問題的房宅、也容易居住在巷道內，或前面明堂易有高突物。父母或祖父母家中常放置醃製品或喜歡醃製東西存放或放置酒、醋品之東西。

丑土在月柱：

喜歡收藏東西，客廳會放置冰箱或用櫃子收藏物品。易就職於醫院或偏僻地方、人煙稀少的環境、高技術性或冷門之行業、心理諮詢師，也與模具、錢財、金融有關之行業或父母親從事此行業。

丑土在日柱：

家裡易恭奉宮壇，會定存財物，做事不易衝動，會冷靜思考，夫妻相處不熱情、浪漫，較在意感覺，不一定要吃好的，但要吃感覺好的。

丑土在時柱：

子女、員工較為被動，或有特殊之技術、專業，晚年喜歡清閒，居住於山區或別墅或有山區之田地、不動產。很注重退休後的生活品質。容易有脂肪瘤、結石、手腳易受傷、跌傷。

寅 ： （03-05） 甲、丙、戊

代表： 虎、春天的氣，有開創之特性，三陽開泰。
五行屬陽木。

寅月： 代表正月，溶雪季節，山區地震，樹木即將脫
胎換骨。

情性：

◎ 寅春天之氣，花草樹木準備蓬勃而生。寅時太陽從地
平面升起（丙），將丑土融冰後可見木（甲），也可見高
山之土（戊）。因此丙火跟戊土在寅形成，所以丙戊之
氣的消長是相同的，稱為丙戊在寅共長生，長生代表
一種新的開始，而不是氣最旺。

◎ 傳統書籍將寅申巳亥定為驛馬之地，但這只是一種氣
的概念，因為在四轉角之處，就是我們所說的三角
窗。於質的現象動的速度快慢如下：巳太陽最快，其
次為申風，再來為亥水，最慢為寅木，乃寅（甲木）生
長最慢，因大樹在穩定中慢慢成長。

◎ 木的成長必須要有土，所以出生日是甲木或乙木，若
出國生活易嫁娶外國人在國外結婚，因木會在當地扎
根生長苗壯。木以土為財、為感情寄託，因此到其他
的國家會嫁娶當地之人。

五行主客體之定律

◎ 木與土的組合：木主動，土被動。

◎ 木與水的組合：水主動、木被動。

◎ 水與火的組合：火主動、水被動。

◎ 水與木的組合：水主動，木被動。

◎ 木與火的組合：火主動、木被動。

◎ 火與土的組合：火主動、土被動。

◎ 土與金的組合：金主動、土被動。

◎ 金與水的組合：金主動、水被動。

◎ 甲與乙的組合：乙主動、甲被動。

◎ 丙與丁的組合：丙主動、丁被動。

◎ 戊與己的組合：戊主動、己被動。

◎ 庚與辛的組合：庚主動，辛被動。

◎ 壬與癸的組合：癸主動、壬被動。

◎ 戊與辛的組合：辛主動，戊被動。

土是最不會動的，土的穩定性極高。

主動與被動之區分：

此法可用於人、事、地、物論斷應用，誰主導了誰？因什麼關係而引來什麼樣的事項。

例如：

甲主動而戊被動，代表甲木主動，主追求戊土財星，而戊土被動接受甲的追求。又如乙主動甲被動，代表乙木見到甲木，即展開追求，使甲木難以招架。又例如：癸比乙木會動，代表癸水主動滲透乙木，佔有乙木，而擄獲了乙木。又如：壬水又比癸水會動，壬水施予魅力，使癸水主動投懷送抱，願意跟隨壬水長途奔波、勞碌。

◎ 先區分主動與被動，主動的干支、物體易被引出，而被動的干支、物體則是容易去吸引，被動者會去吸引主動者，如甲木(被動)會引來乙木(主動)攀爬，而戊土與癸水則是戊被動癸主動，戊土會吸引癸水過來，而當戊土沒有能量、溫度時，癸水即將遠離戊土而去，只留下感嘆的戊土，人財兩失。

◎ 甲木存在的價值與否要用乙木來證明，丙火太陽的能量是用丁來證明，戊土有無能量以己土來證明(戊土所延伸出的己土平原能否長花草樹木，若己土長不出植物代表戊是無功能性)，庚的力道以辛證明，壬的旺度

取決於癸水落下的量有多少。陽代表放射能量，而陰是在吸收能量。

◎ 傳統八字論土剋水，但戊與戊之間會夾著壬水，表示朋友間產生財的功能性，但水從高山快速流下則表示了有很多賺錢機會但不代表會理財。日主戊己土者要謙虛，稱為地山謙（土和土之間叫謙卦），比別人謙卑財星才會往我這流，謙虛低調才會有錢，若高調則是把錢流到他人處，不會有錢，但不代表不會賺錢只是代表無法掌握錢財，而致使財損。

◎ 寅代表沒有枝葉之樹幹，因寅從丑土而來，因此不見卯木。此象如同樹到了冬天樹葉掉光，到卯月枝葉才會再形成。

◎ 寅見卯代表木還在長大的情形，當寅在年柱而卯在月日時柱則代表長得速度很快，自己能力強，靠著自己的實力往上提升進步的。但卯在前面而寅在後面代表是重來一次的現象。當然有事代表遇到貴人的提拔。

寅木在年柱:

有企圖心、開創之氣,會想無中生有。也代表長輩很有企圖心,白手起家。小時後居住環境大多在學校、醫院、市場旁,或林木臨立之處。

寅木在月柱:

寒春之木,有受限,想突破萬難的心境,較為辛苦,代表先苦後甘之象,因為日時不管是哪個地支,都代表寅木在成長。以年月來比較,月寅較年寅來的辛苦。在家中喜歡放置木製品,原木的物品,以及櫥櫃。喜歡研讀名人自傳:名人的創業史,寅木在哪一個宮位,那一個宮位即會成為指標性人物,也代表那一個宮位有指標性之地標或建築物。

寅木在日柱:

最有企圖心、霸氣,因為在屬於自己的命宮宮位,靠自身努力,破土而出。喜歡素顏,不喜歡打扮,認為真誠最重要,有藝術之天份,注重根基、內涵,較不重視華麗的外表。

寅木在時柱:

溫度低,較為安逸,無企圖心,遇到卯、巳、午、未、申之流年會想自行創業。寅在年、月、日、時柱,以時柱企圖心較低,日柱最旺,其次年柱,再來月柱。寅在時,子女會白手起家。

卯：(05-07) 乙

代表： 兔。花草、藤蔓、枝枝葉葉，有極強的適應能
力。五行屬陰木。

卯月： 代表二月，雷電交加、陰晴不定、春雨綿綿，
天干癸水在此長生。

情性：

◎ 地支卯為天干之乙木，卯木成長快速而覆蓋了己土，
所以卯木之下其實裡面藏有己土但不在藏干中表，強
調卯木長得快因此不見土。乙未：乙木成長快將未土
蓋住，乙木之財為未，因此代表將錢藏起來，可喻為
很會理財或藏私房錢。

天干甲遇到卯：

```
時  日
丁  甲
卯
```

代表樹木是擴展的，樹往下紮根。甲在天干，
卯是乙木在地支的那一個宮位，就代表與這個宮位
人、事、地、物是黏密的組合，也代表這棵樹是大
樹，因為紮根紮得深。所以寅到卯代表代表木是在
成長的。

天干乙遇到寅：

　　乙遇寅地支，也代表小花草紮根之意。天干甲乙，地支有木都代表此木在紮根，若月令是乙，年支為寅，代表乙木往年柱紮根，可以說會較親祖上，也可代表腦筋動得較快（年柱可代表思想功能），常常在思考。地支寅到卯代表木在成長。

　　若日主己卯，月支寅，寅到卯代表所待的公司為大公司，若天干出現火或是木，代表此公司是很有知名度的，因為木要透過火才會長大。

　　日主己，木為己之官星（事業），地支寅到卯代表公司是有擴展的情形。

日月年

辰卯寅 → 寅到辰，代表木一直生長的象，表示人一進此公司就不走了，乃木在土上生長不會再改變了。

日月年

卯辰寅 → 寅到卯雖是擴展的，但中間經過辰代表中間陣亡重新再來，表示人會來來去去。

◎　甲木喜歡丁的能量，遇丁生長時長樹幹不長枝葉，所以不會搶走甲的養份。甲木要透過地底的能量丁，卯要透過丙火才會亮麗茂盛。

◎ 甲木找到丁即代表貴人之處，可以藉由宮位來看，丁在哪裡，即代表貴人在哪裡。相反的，若我主體為丁，尋找甲木的方位是可增加自己被利用的價值，突顯自身能力。甲找丁的格局比丁找甲的格局高。

◎ 丁若為藏干則氣較弱，例如甲木遇戌中之丁，能量不高，戌中的丁火代表示過去的事，丁的能量不足了。未中之丁又比戌中之丁能量還高，因為巳、午、未溫度最高，而丁到了戌的時候已經是秋天之氣，故能量不足。

◎ 甲木遇卯辰：甲在春天之氣，代表在成長中，就如同當今的企業家，是有產值及功能性的，而且事業有擴大擴充之意。代表事業、人際關係還在成長、擴展中。而到了秋冬時，會比較有停滯休息之感，即將停止了。

◎ 甲遇丁是遇到的貴人，而且甲木還在成長受人尊重，如同甲午柱。但遇到戌，戌中有了丁代表已經功成身退，退休但受人尊敬，享有知名度，別人遇到困難會來請教，如同甲戌。

卯木在年柱：

　　木旺盛，長上有開創之氣，能擴大成長開創一片天，很有企圖心，只要有付出，就可得到成就。

卯木在月柱：

　　住家環境有傢俱店、園藝店、書局或熱鬧之區域附近，喜歡閱讀書報、雜誌，父母親或上司、老闆具有開創的魄力，本人擁有很好的人際關係。平常高朋滿座，平易近人。

卯木在日柱：

　　人際關係佳，較不重視房間的整節，較無法承擔太大的責任、壓力，喜歡立桿見影。凡事以眼見為憑。

卯木在時柱：

　　喜歡擁有自己的事業，無論多有成就，還是想要有舞台展現自身的魅力，將所學貢獻給年青學子。

例：
問：會成交嗎？

	分	時	日	月	年
	壬	戊	癸	丙	甲
	戌	午	亥	寅	午

答： 會成交。成交價於 3400 萬元。事實於 3430 萬成交。
　　此乃日癸亥掌握了丙寅及戊午之故。

辰：（07-09） 戊、乙、癸

代表： 龍。低陷處、聚水資源之處、聚寶盒。五行屬
陽土陰用。

辰月： 代表三月，春雨綿綿、水位高漲，能收藏水資
源。氣候不溫不熱，不寒不冷，風和日麗的好
天氣。

```
時  日  月  年
甲  甲  ○  ○
子  辰  寅  ○
```

甲的根基會往寅走，甲只要依附長輩就能突顯本
身之功能，也代表甲木來自於長輩的根基，能量、一
技之長。當甲自坐辰時，是代表甲木有自己的舞台，
擁有好的機會賺取財物。

甲辰之人具有自信，但甲見子，獨立創業時甲的
功能性就不見，因甲木陷入晚上之情性，時支的子水
印星，會往辰入，代表甲辰之人好學，勤學詩書。甲
長生亥，甲在亥子丑時雖然是有能量但還是在寒氣中
是無法突顯的，只能默默耕耘，代表空有一身好功夫
及能力卻不受人重用。當遇到癸巳年時，甲是可以發
揮的。癸在天干是有溫度、有能量才能將水蒸發到天
干，甲木因巳火才能展現，突顯其價值。

情性:

◎ 辰為水庫,水庫是由高山(戊)聚集而成的水庫(裡面空的,才能儲存癸雨水),有土(戊)有水(癸)就會長花草(乙)樹木。

◎ 甲遇到辰中之乙,是代表有根的,甲在辰是會生長的,因為有乙木可代表為甲木所延伸出來的根,甲辰,甲的財星辰,甲得辰為得財、得旺盛的能量。

◎ 甲是指標性人物,辰是代表地方、區域,因此甲辰為在地方、區域的一個指標性人物。辰代表低陷,因此甲辰代表大樓有地下室、水池、游泳池。辰低陷會收藏水,所以辰在哪裡福氣就在哪、機會就在哪。

◎ 甲辰跟甲寅相較下,甲辰的氣較佳,因為甲寅還是有寒氣,甲辰機會比較多。水為甲之印,水入庫,所以甲辰之人靈感較豐富,學習吸收東西很快,春天之木具有自信,擁有理想抱負,若時柱是春夏代表較會去實踐履行,若在秋冬會比較因為環境或時間的影響讓執行力受限。

不同的五個辰，
會產生不同的五種方式賺取財物

1. 甲辰之人以專業知識來賺錢，學習東西很快，有才氣也有財氣。

2. 丙辰:工作機會主動而來，很會經營事業，也能透過智慧、聰明才智來經營事業。

3. 戊辰: 水為戊的財星也代表得到財、感情，戊辰之人賺錢機會多，因水自動入庫，金錢、女人、感情都主動來，戊辰之人賺錢比較容易。可透過人際關係的擴展，賺取金錢。

4. 庚辰:靈感特別的好，透過舞台魅力的表現，來賺取金錢財物，也能透過印星、智慧、權利、文書、房產來賺取財物。

5. 壬辰:透過人際關係的經營來賺取財物。培育人才、透過組織產生工作效率，來賺取財物。

氣的變化走動：

$$\longleftarrow$$

卯　　　辰　　　寅

寅到辰中間一定會經過卯才會到辰，但辰到卯代表中間不強調寅，寅到辰速度較快，依照所屬宮位代表發展很快，例如在創業宮位代表人際關係擴展很快。寅到辰中間只經過卯，代表人生變化不大，也代表比較順利。

辰到卯速度較慢，也可代表走了很長的路，代表變化大，代表這 20 年，人生歷練較豐富，也比較忙碌。

辰土在年柱：

　　長上、祖上很有福份，容易得財，事業有成，所以只要本身自己積極，就可得到祖上留給您的福德。

辰土在月柱：

　　家中常聚集人潮、客戶、朋友研習、讀書會，在家中可得財，財主動而來。家中有低陷之地下室或水池、水井、電梯停靠、收藏之櫥櫃、抽屜。

辰土在日柱：

　　較不會整理、收納、收藏庶物，喜歡藏私房錢，但常忘記藏在哪裡。房間或辦公室櫃子、櫥櫃很多，所到之處較為凌亂，喜歡在房間看書、閱讀書報，常將心事放在心裏。有很好的福份、金錢、感情主動而來，但本身不積極，會有生在福中不知福的情性。

辰土在時柱：

　　會留產物給子女。廚房、廁所常放有容器的物品，或裝水存放於廁所、廚房。很會收納整理。子女很有福氣，能得到您為他們準備的產物、當然也代表子女較不積極、懶散。做事能夠整合、集中管理，得到大家的認同，可成為別人的垃圾桶。住家之後面較為低陷或有水池、山水之造景，喜歡在廁所看書、閱讀書報。有腎臟結石或腫瘤之症，宜提早定期檢查。

巳：(09-11) 丙、庚、戊

代表： 蛇。太陽、熱情、火、名聲、地位、知名人物。
五行屬陽火。

巳月： 代表四月，晴天、風和日麗，太陽普照、百花
盛開。

情性：

◎ 巳蛇為太陽丙火，太陽高照海洋、湖泊時會產生風、
氣流（庚），巳時的時候太陽是位於高山（戊）之上。
寅是因為有溫度（丙）才看見高山之土(戊)，丙戊長
生在寅，寅是太陽從山邊出現，而巳時指的是太陽已
在山頂上，艷陽高照了。

◎ 地支巳即是天干的丙火太陽，有了丙則驅動了風、氣
流（庚），因此丙要透過庚來執行任務，就如同皇帝
授權於庚將軍，藉由將軍庚就保國衛民。

◎ 巳就是丙為皇帝，而庚即是代表將軍，代替皇帝執行
任務，而戊高山上也代表是庚金將軍行動前的思考。

四驛馬地寅申巳亥的前一個地支都有土，寅前有丑，
巳前有辰，申前有未，亥前有戌，此也都是代表行動之前
的思考，而四驛馬地的寅最不會動的，乃還在寒氣之故。

　　因此巳中火藏干之高山戊土就是要讓庚金將軍先經過思考後再出發執行，避免錯誤之判斷，所以庚金或申金如有遇到火，即代表師出有名，得到充分授權。庚或申沒有火，代表是自己的意思，較不能得到認同。

巳		未	申
辰	四馬地之前的 四季土		
			戌
寅	丑		亥

◎ 巳火的陽氣最旺，但不代表溫度最高，溫度最高為未與申。巳火因陽氣最旺所以在十二辟卦中為六陽之地（一為陽，－－為陰），所以巳火之人有潔癖喜歡乾淨（全陽無法容納任何一陰）。

◎ 巳蛇代表丙火，代表知名人物、名望之氣，眾所皆知，也代表權貴，重視名聲地位。

◎ 庚金因丙火而驅動，所以當庚遇見癸或子的時候，庚金則無力量也代表丙火太陽的退去，丙火不在藉由庚金將軍去執行了。

◎ 庚遇到癸或子水稱為將軍作戰成功，代表好命有現成果實可收獲並享受，但在收獲前必需先透過努力播種、耕耘，若有努力播種、耕耘即可享受豐收果實快樂、幸福；若之前沒努力付出耕耘就要享受成果，會變成人云之敗家子。

◎ 巳火之人在居住上喜歡寬敞，明堂較寬，整潔、明亮、氣流通。

◎ 癸巳人火旺，因為癸會到天上代表溫度足夠才能蒸發，因此今年癸巳年溫度會較高，溫度一高、濕度又夠易有細菌病毒之感染傳播。（十年前癸未年，水蒸發到天上代表溫度高，土乾遇水而產生濕氣辛金，癸未年出現 SARS）。所以癸巳年易產生新的病菌、病毒，也有更多的食品及用品不該出現的毒素被發現，乃巳火為曝光之故。

◎ 丙子為暗的利益勾結，但癸巳為明正言順的利益勾結之象。

◎ 巳火太陽怕亥水，但亥水喜歡巳火，在傳統生肖姓名學中生肖亥豬見到巳代表亥豬被抓去宰殺，生肖子鼠見到巳太陽火代表見光死，但事實上不然，亥見到巳是好的，因為得到名望、財星、利益、權貴，從無名氣變成有名氣。所以八字中有丙或巳的人，較有機會接觸大人物或政官顯要，也代表一切的行為作習，易攤在陽光底下，接受檢驗，無法隱藏。

◎ 日主癸巳遇到癸巳年，在傳統八字中稱為伏吟，代表重覆，而另一種日主和流年的天干地支陰陽相反稱為反吟。

例如：

　　癸巳遇到己亥或是丁亥稱為陰陰相剋，土和水相剋或是癸水和丁火相剋，地支巳亥沖，所以日主癸巳遇到己亥或丁亥稱為反吟。反吟又以我被剋較為嚴重，乃我受傷，而我剋流年時，是我掌握了機會，當然也代表此年我比較一意孤行，較自我。

◎ 當走到與八字有重覆干支的流年時，是伏吟時代表走到熟悉的環境，做事順利讓自己更有自信，有加分的狀況，是不錯的象。

◎　反吟是代表走相反的路，不熟悉的道路較有壓力需要
　　突破逆境，雖然是沖，但不刑不發，例如午年生，開
　　工挑子時，雖是子午沖，也如同打預防針一樣，可免
　　除今年一些壓力。所以沖也不是不好，而太多的合也
　　不見得好，但這種當然也是要午的承載力足夠，才能
　　應用自如。又例如本身為申去沖寅，代表我能掌握財
　　星；午被子沖雖是壓力但也是造就午的成長。

　　當流年乙巳年遇到生日己亥，天干木剋土，代表事業
會有新的轉變。日主己亥遇到乙巳年會優於癸巳年，因為
乙在己土上可快速成長，並且通根於亥中之甲，己土太潮
濕遇到巳火增加了己土的旺度，亥到巳，重見光明，己喜
歡巳，己掌握了巳，因己土下得到巳，乙木則能快速在己
土上成長，有新的事業產生，當然相對的也是一種責任、
壓力。

◎　八字格局中不要擔心有沖，沖是氣的變化，不一定是
　　不好的，但遇到合未必代表好，所以合或是沖都是氣
　　得轉變、變化，遇到不好的變化，要懂得轉化即可改
　　變。
病在天干與地支，只要將該天干或地支做氣的轉化即可。

例如：

　　戊癸合當中，是高山戊土留不住癸水，此時戊土需利用火印星來轉化，火為戊土的印星，使戊土產生能量，才能吸水。代表學習、成長、增進知識、智慧，或是用木來轉化，木在戊土裡成長會吸癸水。八字中戊癸合的可以約老婆一起參加學習課程，或是共同產生甲木，也就是共同經營事業，如此感情會更甜蜜、穩定。

◎　學習八字或五術最重要的是要懂得何種氣進來時該如何轉化或做調整，不是用祭煞來改運的方式，而是用大自然五行氣不同的變化來作調整。比如說：當木受傷時，筋骨會酸痛、肝功能減弱，此時除了找專業的醫師之外，我們可種植盆栽來調整氣，並配合適當的運動(火)來作調整，即馬上可轉化。

又例如：

　　日主丁亥遇到癸巳年的轉化：丁火怕癸水，可用甲木轉化，甲木為丁火的印也代表學習知識、房宅，癸丁交戰、巳亥沖，利用甲木的學習來轉化癸水與丁火交戰，使之變成官印相生，因為官印相生則此種的學習是能學以致用成為事業，利用甲木使亥中甲木透干，因此這事業可以學以致用並發揚光大。而巳火讓甲疲憊有壓力，是因為甲木要產生乙木而疲憊，但甲木的樹幹並不會長，所以為甲木的壓力。

　　丁火遇癸水也是種壓力，因此用甲木來學習，但巳火雖使甲疲憊，但甲木是在長樹葉，正處於茂盛中，樹葉可稱為無中生有，代表所學可以延伸連貫，並代表甲木本身有新的領悟。亥中所藏的甲巳透出，而癸水又能讓甲成長，雖然原本的亥水會讓丁火的能量降低，但巳的進入會讓丁更有自信，做事容易迎刃而解，易有升官的情形或事業工作更提升。

　　平常若無充實知識進修學習，當流年癸水進來時，癸丁交戰對丁來說是種壓力，平常有進修學習代表甲木出現，因此平時若無進修的人當官殺進入時會形成壓力，因此建議平常可多多進修學習。

巳火在年柱：

思想陽光、正面，易得上司長輩的重視，會將明堂打掃的乾乾淨淨，重禮節與規範，注重權勢，額頭較高，少年時能飛黃騰達，名聲響亮。出生環境在公家機關或寺廟之附近、空曠地之附近或加工廠之附近。

巳火在月柱：

有寬廣亮麗的客廳，在意人際的互動，重視家中的格局，喜歡掌權，能繼承家業，或成為一位優秀的主管，為人慷慨大方，也易因愛好面子而有莫名其妙的龐大支出。會在公家機關或大型公司上班就職。

巳火在日柱：

講話直接，不喜歡拐彎抹角，會在家中的客廳當辦公室，或當營業場所，也凡事喜歡公開透明，眼睛亮麗有神，對感情有潔癖，外出除了對自己的穿著很在意，也對另一半的穿著打扮相當重視。睡覺前喜歡看書或聽音樂，重視名聲地位，自創品牌而名聲大噪。

巳火在時柱：

重視子女教育，會將子女的成績、成就做為談話的主題，在意用餐的感覺，所以會將廚房裝潢的很亮麗，很有氣氛，也有寬大的衛浴設備。創業時，相當在意設備、格局，會以大公司作為指標假想敵，所以能有自己的品牌形象。

午：(11-13) 丁、己

代表： 馬。高溫、能量、香火、名聲、幕後決策者。五行屬陰火。

午月： 代表五月，萬里無雲，悶熱、太陽日正當中，午後易有西北雨。

情性：

◎ 午火本氣為丁火，能量保存在土地（己)上；丁若是依附在戊土，丁的能量很快就消失(例如在山上會感覺比較冷)，因此丁在己土上能量可保持較久，因此丁若要維持要透過己土，丁的能量高過於丙。但當天干己土遇丁時，反而是丁火把己土的能量破壞掉，丁火、己土若旁邊沒有甲木，者己土易壞死，代表皮膚不好，易長腫瘤。

◎ 丙與巳火:代表亮麗，在意名聲地位、名望，所展現出的魅力，在意過程，注重人際關係。

丁與午火：

有能力，在意自身表現對方是否喜歡，在意他人的眼光、在意結果、實質利益關係、物質、財力。所以丙、巳注重名，而丁、午重利，兩者習性大為不同，不可不知。

◎ 亥會破壞乙、丙、卯、辰、巳、未、申、酉,牽絆甲、寅、丁、午。

◎ 亥水進來時,會使以上之干支受到損傷,此時可用馬來作開運、轉氣。此乃亥藏壬甲,午藏丁己,用午馬可丁壬合,甲己合做牽絆,需用木雕的馬,因木會生火(馬),用木馬會產生功能性,因此用木雕製的馬可以轉化亥水。若八字中有午,遇到亥水變成是自身的午受傷。

◎ 午時為中午11:00~13:00,子時為晚上11:00~1:00,子午沖(一個為中午,另一個為晚上),一陰一陽為一種對立關係則稱之為沖,也可稱為急速的變化(白天變晚上亦或晚上變白天),也為一種緣生緣滅,喜歡的東西消失代表失去,討厭的東西不見即表示壓力的減輕(表示一種緣分失去但另一種緣分產生)。例如:戊子,子變成午,表示財星不見卻變成印,代表用錢換取印星、房子、學習、自信、能力。

◎ 丑日問貸款何時下及在哪裡下,是高雄還是台南?論午日會下,午也代表南方,因此是在高雄。
午日可引動丑土融化。

午在年柱：

　　對於長輩較為尊重，能尊師重道，但有時太過於熱情，反帶給長輩諸多的壓力。喜歡明堂寬闊、明亮，但較不懂得欣賞園藝造景。重視祖先、風水之格局。

午在月柱：

　　客廳明亮、寬闊，重視長輩的生活起居，屬孝心不孝口，有潔癖。神位、佛像、信仰神祇，會安奉在客廳，勇於表達內心的感受、想法。兄弟姊妹間的互動常有意見之爭，不容易協調，但遇到外來的威脅時，兄弟姊妹卻相當團結。

午在日柱：

　　相當在意配偶的外表、長相，配偶很會理財，想掌權。夫妻相處很注重感受，本身很有人緣，人脈佳。男命異性緣佳，但重視名譽；女命較在意自身的表現、魅力，反而較不在意老公的感受，雙方宜多溝通，才能達到共識。

午在時柱：

　　工作能力佳，很有才華、責任感，重視效率，但缺乏與子女、部屬的溝通、互動。可透過共進晚餐，來瞭解子女、部屬的需求、感受，才能增進良好的感情。

未：(13-15) 己、丁、乙

代表： 乾燥的土、充滿能量的土、得天獨厚、先迷後
得。五行屬陰土。

未月： 代表六月，晴天無雲、悶熱氣候，花草樹木茂
盛之時。

情性：

◎ 好的土地(己)可以保存溫度能量(丁)，造就乙木快速
生長。

◎ 乙未代表木通根，速度快，乙未人會藏私房錢，因快
速將土遮蓋。

◎ 八字有己的人機會較多但也容易迷失方向，有先迷後
得的情況(先短暫迷失後才會得到想要的東西)，未為
坤而坤卦為眾，因此未的人喜歡群眾聚集的感覺，喜
歡打團體戰即與朋友共同完成一件事。

◎ 未的人機會多，財只進不出，但卻容易財星不聚而財
來財去，因未(乾土)很會吸水，掌控錢財的慾望較
強，未之後為申，因此錢花完而錢又很快會來。

◎ 未土成就乙木速度很快，只要丙火遇到己土即會長甲
乙木。

◎ 未日生之人，有極度的不安全感，常因不當的言語而
誤傷人，自己卻不知。

未土在年柱：

對長輩有極大的不安全感，尤其在金錢方面會與長輩劃分界線。心思細膩敏感，相當重視小細節，富有藝術天份，有研究、設計的精神。出生地或居家附近有土地公廟或私人神壇。懂得安排生活作息。

未土在月柱：

希望客廳是小而美，喜歡朋友來家中作客，重視工作的安排流程，段落分明，能將工作處理的有條不紊，是上司長官中的好部屬，是屬下倍感壓力的上司。對自己的專業相當堅持，相當有自信。有心血管之疾病，宜提早預防診治，也易有皮膚過敏之症狀。

未土在日柱：

能在自己的專業領域追求成就，發揮自己的才能，也善於利用巧妙的言語與暗示，來獲得目標，睡覺是徹底放鬆的好方法。很會理財，是個業務高手，很會要求自己，所以會讓另一半壓力重重。有胃腸之疾，女性下腹部會有增生腫瘤之兆，男命易左腎結石、腫瘤宜作定期檢查。

未土在時柱：

女命有子宮、腹科之疾，易增生腫瘤，男命易左腎結石、腫瘤宜作定期檢查，要保持浴室及房間的乾燥、通風、整潔，不可有異味或濕氣，或堆放雜物。未時生對子女的管教較為嚴格。無法放手給子女或部屬自由發揮，是一個極注重過程的人。

申：(15-17) 庚、壬、戊

代表： 猴子。未成熟的果實，果體堅硬、果核軟，外
剛內柔之特質。五行屬陽金。

申月： 代表七月，颱風暴雨、晴時多雲偶陣雨，鬼門
開，壬、癸水一湧而出。

情性：

◎　風(申)引來大量水(壬)而產生土石流(戊)，如己亥年
八七水災(1959年)或己丑八八水災(2009年)都是在
壬申月，而丙申月的颱風只會風大(丙驅動申)而較無
雨水。戊申月的颱風不大，因為申被戊擋住了。甲申
的颱風樹木受傷，風大雨小，財產、植物損失多。庚
申月的颱風建築物受傷多，風大於雨。

◎　庚金長生在巳，是火生金，高溫下太陽照射產生了氣
流漩渦，氣流漩渦是丙壬產生之關係，丙壬的水火是
不相剋，亥本氣為壬，但壬不等於亥，因為壬不剋丙
但亥會剋丙，亥時是沒有太陽的。

◎　庚、申的溫度隨著太陽溫度升高而升高，庚為風且無
色，代表示沒有水分的，因此辛金產生水的功能是大
於庚金的。辛、酉金生水較為穩定，而庚、申生水較
不穩定。

◎ 辛金雲霧遇到溫度化成了水，形成水循環。申金雖然代表天干的庚，庚金不能生水，但申金會生水，會帶來狂風暴雨。

◎ 壬水在申形成(壬長生在申)，隨著酉、戌、亥，水分越來越大，代表時間越接近陰氣、晚上，水分形成越多，因此申會引來狂風暴雨，庚是強風、氣流。

◎ 申是庚，但申的氣旺於庚，因為是七月申的溫度較高，會形成颱風、雨量增加，但庚有庚子、庚寅、庚辰、庚午、庚申、庚戌，因此庚配上不同的地支氣會不一樣。

◎ 庚遇壬及庚遇癸之氣不同，癸代表子，申子辰三合的申力量是在減弱的，颱風引來大量的雨水後引水入辰庫，水在庫也在但風卻不見了，乃損了申。

◎ 庚和癸的關係相當於申與子的關係，庚金遇到子代表庚金無力，如同將軍作戰成功安逸享受去了，表示我的付出得到好的結果，因此申遇子代表損了申，也就是申讓子產生了勞碌奔波之象，申也即將功成身退。而庚和壬是屬於動態，雖然是會成功但必須辛苦的付出體力勞力，才能得到成果，豐收之後當然申金也即告老還鄉了。

◎ 申是一種氣的形成，是一種霸氣，也是一種動態的氣，象徵將軍、執行命令者。庚與申的人較勞碌，閒不下來，時柱有申代表到了晚年還是會想動想要創業、開疆闢土。

◎ 申代表一種企圖心、執行力、魄力，但申若無火代表所作所為不被認同，可謂師出無名，因此申要有丙、巳或丁、午火，尤其是丙、巳火代表有人授權賦予並非師出無名，若只有申代表做事不得他人之認同，很容易白忙一場。

◎ 申金為未成熟果實，也能比喻觀念未成熟。庚金之人講義氣，要驅動庚、申金之人可使用激將法，如同火上加油，申多的人怕被壞人利用，易因言語而激怒，並也會與競爭對手產生敵對，但申金之人是一位強而有力的對手。

◎ 八字中申金旺之人家中不會太整齊，也很難整齊，因為像被颱風掃過，申時生的人家中會較凌亂，申金之人較大剌剌不修邊幅，較不會在意別人的看法，喜歡用自己的標準衡量周遭的一切人、事、地、物。而酉金之人較有潔癖，酉為成熟的果實代表已經擁有在收成了，與申金比起來較無鬥志無企圖心，會珍惜目前擁有的一切，凡事以眼見為憑，也較不喜歡冒險、投資。

申金在年柱:

出外急如風,擁有積極的想法,但不代表行動積極,懂得表達內心的話,居家附近或明堂易堆放鐵製品,或資源回收的東西,無法乾淨整潔,也常聽到鐘聲、鐵器敲擊聲或有鐵道、輕軌之環境。易有頭痛之疾。

申金在月柱:

做事積極,講話直接、易衝動,欠缺思考,靜不下來,常遠行、外出。家中客廳無法較長時間的整節,喜歡種植花草、樹木。或畜養寵物,但不懂得整理、照顧。能得到上司、長輩的讚賞,但較無法與同輩相處,自我意識過強。易在屋前或客廳放置雜物或鐵製品。常有神經痛或手腳受傷所留下的疤痕。常聽到鐘聲、誦經之聲或敲打的聲音。

申金在日柱:

人來瘋,講話直易傷人,很在意另一半的想法,也常與另一半有意見之爭,有胃腸之疾及手腳、筋骨痠痛,易熬夜,較不重視房間整潔,喜歡收集物品,但不懂得放置擺設,少了審美觀念。處事積極,很有執行力。

申金在時柱:

活力充沛、個性剛強,企圖心旺盛,有暴躁傾象,對身邊的人會有太過於躁進的意見,對工作有狂熱。會放心讓子女、部屬自由發揮。有運動精神,為達成目標,努力積極,不顧一切完成任務,在意成果,較不重視過程。居家附近有常聽到鐘聲、誦經之聲或敲打的聲音。自己是白手起家,自我開創的。

酉：（17-19） 辛

代表： 雞。成熟的果實，果肉軟、果子硬，其性外柔
內剛。五行屬陰金。

酉月： 代表八月、白露之節氣，陰天、雲霧彌漫、密
雲不雨。

情性：

◎ 酉在節氣代表白露，白露辛金之氣重，霧氣水分也較
多。申月風大，酉月雨大。

◎ 酉為成熟的果實，代表看到成果了。酉的果實果肉是
軟的，而果核較硬；申代表未成熟的果實，果肉較硬，
比較有魄力，而果核是軟的，怕別人請求、拜託，即
心軟答應。

◎ 酉金喜歡安逸，不喜創新、開創，對於創業較無太大
的興趣，八字中酉金旺之人較無鬥志及企圖心，乃安
逸享成，不會讓自己太累。

◎ 酉等於辛，酉藏干為辛，但辛不等於酉，因為酉金是
果實而辛金為雲霧 。辛要決定是雲霧或果實取決於
有沒有木，不管甲乙木遇辛金，則辛即是代表果實。

◎ 丁長生於酉，丁也是主管和丙相較之下具隱藏性，丁屬於小公司小主管，丙為大較為凸顯。

◎ 酉時出生代表有錢就不想做了，此與適不適合創業、有沒有能力無關。申時不管有沒有錢都還是會繼續做。申與酉兩者間所抱持的心態完全不同。申為動，火越旺申動的越厲害。酉主靜，火旺者傷酉，午、未是傷酉的，所以未土會讓酉金受傷，而不是土生金。

◎ 酉代表雞，雞會一直叫，代表酉多的人喜歡講話聊天，八字中有酉的人適合當講師。

◎ 申金人看起來較硬難以溝通，但內心較軟，例如芒果青，果實硬但子是軟的，所以申金可利用言語來軟化；到酉果實成熟，果實軟但子是硬的（較難商量），可謂外在看起來是好商量但事實上內心是有原則的。

◎ 八字酉金旺之人喜歡在家中佈置小飾品，喜歡細緻的物品，重價格及品牌；申金之人買東西喜歡就好，喜歡創立自己特有的風格，較不在意等級。

◎ 申代表開創、付出，體力付出者；酉較有福氣，安逸享受，代表展現成就者。陽主放射、陰主收藏，所以申之氣代表放射、執行，而酉之氣代表收藏，酉之氣來至於申。

酉金在年柱：

　　人生的價值在於「做自己」，以取悅自己而活，喜歡在門前種果樹，享受豐收的喜悅，只要往外願意付出，都有很好的豐收。活力十足，內心保守、拘泥於傳統，於工作中會製造自己的價值，知道精打細算，而得到豐收。

酉金在月柱：

　　是豐收喜悅之象，家中客廳喜歡放置收成的圖畫，或放置一些飾品作擺飾佈置。凡事以看得到為主，講求實際，不相信未來以後會怎麼樣，在處理任何問題時都要按計畫章程去落實。會經過家道中落而重新再來的事物，宜小心謹慎理財、投資，以免一切化為烏有。

酉金在日柱：

　　喜歡「做自己」，犒賞自己，讓自己享受豐盛的美食。於房間中會擺放飾品，也喜歡收藏、購買飾品。外出會帶金飾或貴重之物來讓自己營造氣質，也很在意另一半的穿著打扮。睡前會有小酌兩杯的習慣或收藏酒品、紀念性的物品。

酉金在時柱：

　　喜歡吃醃製的食物、水果，自己也會製作、醃製。廚房有如一個小倉庫，放置各種不同的美食及器具材料。不會讓自己過於忙碌，下班就是要休息。在意子女的穿著打扮。會定期儲蓄，懂得充實知識、智慧、學術而自我成就。會用美酒與朋友做真心的深層溝通和交流。

戌：（19-21） 戌、辛、丁

代表： 狗。太陽下山、熟透的果實、能收服權貴。
五行屬陽土。

戌月： 代表九月，密雲不雨、寒暑異常，為天羅之地，
專收太陽之氣

情性：

◎ 過熟爛掉的果實（辛）已落地（戌）後變種子，須靠溫度
（丁）來成長。

◎ 戌為高山、不動、變化少，戌為土，屬十二生肖狗，
所以忠誠度高，不容易變遷改變環境。

◎ 戌會將丙作收藏，會阻礙庚金，所以八字同時有丙
與戌的人不為權貴、威武不屈，不易被動搖，對於
有權貴之人很有辦法，尤其戌在日支。

◎ 戌的本氣戌高山之土，戌為秋末果實過於成熟掉落在
戌土中，產生了辛種子，被戌收藏；戌也代表太陽下
山所留下的餘溫丁。

◎ 戌等於戌但戌不等於戌，戌土較薄弱，因為戌的土較
無養分可利用。土於春夏之季最為肥沃，利於甲乙木
成長，提供養份，到了秋末戌土最沒養份了。戌也如
同到了秋季甲、乙、寅、卯木被砍伐後所留下的土，
此戌土中的養分已被吸取利用完。

◎ 戌土最沒養分即是在戌戌也最無能量，丙戌是最高的
山，由山下往上看到太陽在山頂之上，故為最高，但
由上往下看則是太陽即將下山，功成身退了。壬戌是
強調水從高山流下的象。

◎ 生肖姓名學中屬狗(戌)忌用日字根之名之觀念有誤，
生年為戌而名字取日字根，戌狗有能力讓姓、名一、
名二的太陽下山，讓每個宮位的人為我而轉，日又代
表知名品牌有名望之人物，則代表知名人物會來拜訪
委託戌，例如有名人士選舉來請託擔任幹部，戌代表
能力很強。因此屬狗的可以取丙或日的字根代表我可
以去掌控有名氣的人士。

◎ 另一生肖姓名學錯誤是，屬馬之人寅午戌三合喜歡取
三合之字根，午戌為三合但主體是午，午見戌三合太
陽下山，代表我為了此宮位的人、事、物疲於奔命而
失去自己的情性，容易一無所有。

◎ 生年丙午之人若取戌的字根，代表自投羅網，無法有自由之身，乃丙午遇戌，即將功成身退。

◎ 戌到酉：代表剝落的果實，因成熟的果實（酉）易剝落，果實腐爛剩下種子辛金。戌暗藏有溫度會讓酉受傷變為種子辛金。代表酉金所屬的人、事、地物是受傷的，當酉代表財時所賺的錢是不見的，無法掌握，成為過路財神。

◎ 酉到戌：代表擁有滿山的果實，能量提升。當酉為財時則代表財歸戌所有，所賺的錢入庫。當然日為戌，月為酉，是父母親的財歸我所有，但酉為日，戌為時，則代表我的努力成果，最後會留給子女，子女是最有福氣之人。

◎ 戌於陽宅中代表東西阻塞之物，在八字中年月日有戌土代表家中環境動線很容易堆積物品、雜物，例如放置一些較無使用的東西或較無價值性（戌）的物質，使得走路動線受到阻礙。

◎ 環境乾淨並不代表身體就不會有問題，但環境不整潔一定會影響身體健康，依空間的不同，代表身體的部分。

◎ 日柱甲戌，甲成長到戌是經過歷練而成阿里山之神木，較無產值了，但仍然擁有一些權貴，能受到人之敬重。

◎ 日主丙戌，能者多勞一直在付出，而丙是動態的也是最大的驛馬。丙戌男命以老婆為重，女命以老公為重。

◎ 日柱戊戌，戊在戌，戊之能量不足，容易製造機會給周遭之人，是周遭之人受益，得到財利。戊戌能在建築、房產業有一翻作為。

◎ 日柱庚戌，雖然忙碌、辛苦，但內心有滿足感，能享受到名望之人士重視的成就感，但財利慢慢在走下坡，宜購房屋保值。

◎ 日柱壬戌，壬水往高山流下的象，山是一體兩面的，強調顧及左右，較無安逸靜下來，人際關係圓融。

◎ 丙子和丙戌同屬性，丙戌忙碌奔波很快樂但是丙子忙碌並不快樂，因為子水正官帶給丙是受限的。女命當丙子進入夫妻宮位代表水剋火，當丙進入子的正宮夫妻宮位時，丙火太陽則會失去自身的情性，而丙戌是休息安逸之感。

◎ 女命丙子比丁亥更勞碌，子日為日主丙的正官，而亥也為日主丁之正官，當丙遇到正官是不快樂的，丙子日柱的女命在外是付出能力，在職場上相當盡責，但老公卻會給丙子女命帶來相當大的壓力。

◎ 丁為能量，為晚上之屬性，亥也為暗、為晚上之情性，而亥水會將丁火的能量往下拉，而且丁亥是一種暗合表示是一種牽絆，代表對工作也很執著、認真，任勞任怨，相當有責任感，因此請員工或娶老婆丙子或丁亥都能考慮。

戌土在年柱：

會以土地、房子、有價值之物來保值，讓自己得到安全感，也懂得用土地、房子來投資理財。居家附近有高突之物、山丘或大樓林立。忠於自己的想法、觀念，不容易相信別人，也不容易被人所影響。重視傳統，言行既樸實又精敏。

戌土在月柱：

行動力強，會為自身的理念，一直產生被利用的價值，自我犧牲、付出，而且熱情以對任何的人、事、地、物，會對長輩、家庭慷慨大方，在客廳喜歡放置收納櫃或酒櫃。自己或長輩會有家道中落的現象，宜利用房產保值。

戌土在日柱：

會製造價值而讓周遭的人受益，但卻無法掌握金錢、財物的支出，能收服權貴，讓自己立於不敗之地，而成就定位自己，喜歡徹底放鬆自己。在家中喜歡放置高突之物或收納櫃，也將這些收納櫃成為多功能性的使用品，一舉兩得。會將金飾或貴重物品收藏於衣櫃之中。

戌土在時柱：

會將子女作定期的儲蓄，希望退休後可到處旅行。會將金錢、財物放置於衣櫃。子女在家待不住，喜歡往外跑，本身喜歡隱藏在家中或居住於巷弄之中。創業能有所成。對神秘學、五術能獨樹一格。膀胱易結石，女命子宮、卵巢易增生腫瘤之疾。

亥：(21-23) 壬、甲

代表：豬。湖泊、流動之水、海洋。高山快速流下的
水。五行屬陽水。

亥月：代表十月，寒冷之季。大雨、颱風過後的土石
流。易傷害木的水。

情性：

◎ 代表豬，屬晚上情性、黑暗、寒冷，無法掌握的水，
其性主動積極。

◎ 木(甲)成長需要水分(壬)，亥水為流動之水，表示由
戌土高山之處往下流，而成為動態的水(壬)，有了水
才能使種子萌芽而長(甲)。

◎ 辛金種子的成長是動態的，要到癸、子才會穩定(靜
態)。在大地坤土裡用寒凍來保存種子，當有火的能
量時種子才會破土而出，形成寅，因此八字中有寅的
人會有死裡逃生的現象。

◎ 酉為辛，成熟的果實掉落在高山之土(戌)，戌本身有
溫度(丁)使果肉腐爛。

◎ 若酉到戌代表果實成熟的一種過程，從申到酉到戌為木在成長形成果實，果實再掉落到山上，稱之為果實纍纍豐收之象。但從戌到酉代表果實剝落，強摘的果實，果肉爛，突如其來的意外，流產。

◎ 種子原本在戌土之上，高山聚集了雲霧及水分後再從高山快速流下（亥水），為動態之水（亥）之後變成靜態之水（子）。

◎ 因戌中有辛，種子會隨著水流下而形成了木，則是亥中有甲，也事一種還不穩定的狀況。

◎ 甲木長生在亥的甲木並不是大樹（寅才是指大樹），指的是種子，代表要冒芽長根，但還在水中漂浮，亥水為動態之水，因此相當的不穩定。

◎ 屋頂上會長草，乃種子則是由鳥的攜帶或是風吹到屋頂上，當有水分時則會長出花草來。

◎ 亥中之甲只是根，較無作用。若乙木下有亥，而亥則為根，代表無根之草（乙）有往下紮根之意，乙亥則是水中之草在往下紮根，也能形容為在海面上行走的船隻。

◎ 壬水不傷乙木(如水中植物)而會傷甲木，壬與乙有共同的屬性會共依共存(浮萍隨之漂流)，而甲壬不是水生木，是水滅木。

◎ 亥中壬甲是同一氣，所以此壬不傷甲，但寅亥是不同氣，所以亥水會困寅木，坊間命理學上寅亥雖為合卻是一種牽絆跟壓力，乃水困木之故。所以十天干與十二地支要熟透，才能精準論斷。

◎ 出生年卯兔、未羊、寅虎年生者，最易取錯名，因為坊間生肖姓名學喜歡取三合或六合之名如：家、豪、毅，皆代表豬的字根，傳統姓名學裡認為寅亥合、亥卯、亥未合是好的，但是當卯、未、寅被屬晚上寒水之情性的亥合即是代表受限、受困、受傷的，壓力重重，因此不建議寅虎、卯兔、未羊年出生之人取亥所屬之字根的名。

◎ 未遇到亥，腎藏易掌腫瘤或結石，亥為水，水上有未土，未土遇亥無功能性，未就成了增生或成了壞死。

◎ 亥水會傷丙火太陽，八字日柱丙或巳遇到亥最容易受限、被牽絆，代表丙跟巳會受傷、都消失，但若八字中無丙、無巳則不會受影響。

◎　八字中亥在日柱優於其它柱，乃凡事可自己主導，較不會被牽絆，但要小心得意忘形，而傷害到別人自己卻不知。

◎　亥是從成熟果實(酉)到剝落的果實後果肉腐爛變種子，山上會產生雲霧因此戌中的雲霧與種子，遇到溫度及山上之水流進而種子發芽成長，因此在亥宮位時產生了甲，因此亥中之甲並非為高大樹木而是代表甲木的根，也可代表剛開始萌芽的胚胎，因此亥中之甲較無作用，此甲是戌中之辛種子所生長出來的，而不是高大的樹木。

◎　亥日出生的人房間較亂，生活習慣較為隨性，有丙或巳出現時，較會節制一些。

◎　子水是靜態的水、亥水是流動的水，當子水、亥水遇到戌土或戊土時可以代表結石，水無法流通。而戌土之後的亥水，代表水快速流下，有意外之象，當行動過於快或開快車時，就容易有易外之災或受傷的情形產生。

◎ 寅亥合的組合是水困木，而不是水生木，地支的水是無法生木，天干的水才能生木。地支的亥水和子水是會讓木受傷，因此木年生之人取名字用亥字根讓甲、乙木及寅、卯木不能成長，讓未土變成無用之土，使辰土收受到不明來源的金錢，而將金錢染黑了，此時唯有太陽丙火的高照，才能重新將亥水作轉化。

◎ 甲、乙木及寅卯木遇到亥水代表骨頭容易痠痛、肌肉萎縮。因此亥水遇甲、乙及寅、卯木沒有巳火或是午火時，則代表肌肉會萎縮、痠痛，要用物理作治療，或透過運動改善。

以上十二地支申論是由沈芳晴(天晴)老師與謝銘晃(謝天機)老師筆錄提供。

亥水在年柱

有獨特的想法，其性主快速、侵伐、滲透。經營事業會經歷至少一次的重新再來，因學到錯誤的知識或做出錯誤的選擇。容易頭痛、腦神經衰弱或筋骨痠痛及高血壓之疾。居家附近或公司附近易零亂，有堆積雜物之現象。

亥水在月柱：

具有積極、主動、侵伐之特性，有領導的魅力，勇於爭取、追求理想，也願意承擔責任與人分享成就，不喜歡受傳統束縛，勇於創新。客廳喜歡放置水晶、水晶雕、柱之物品有心血管之疾、睡不著、焦慮、腰酸背痛、長骨刺之疾。較不喜歡朋友到家中來作客，也較無法讓客廳的整潔。

亥水在日柱：

不喜歡受約束限制的工作性質，但對工作事業十分用心，喜歡享受田園農家之農耕生活。勇於創新、突破，但個性叛逆，對各項的活動都十分投入。較不注重臥室的氣氛、整齊，認為睡覺是放鬆的地方，不用太在意。另一半屬於較為陽剛之個性的人。

亥水在時柱：

是一位對權貴很不在意的人，認為權貴之人只是個職業。此時生之人與父親緣份薄，子女較不喜歡與自己同住，女命之夫緣也薄，是一位能獨立自主的人，能有一技之長，喜歡享受孤獨。第一次的創業不會成功或至少要有一次的重新再來。

壹、 八字命局推命論斷與
　　　八字時空論斷之步驟

一. 時空推論依當下的時間填入年、月、日、時、分，
　　八字推命論斷分男命（乾造）、女命（坤造），
　　填注出生之年、月、日、時。

例如:103 年元月 1 日 12 時 35 分

二‧四柱干支八字或五柱干支十字排列：

年柱、月柱、日柱：請參閱萬年曆查之。
　　　月柱也可依「五虎遁年起月表」，由年干、生月
　　　對照取之。或查閱易林堂萬年曆第十二頁。

時柱：依「五鼠遁日起時表」，由日干、生時對照取
　　　之。查易林堂萬年曆第十三頁。

分柱：依「五鼠遁時起分表」，由時干、分數對照取
　　　之。查易林堂萬年曆第十四頁至十九頁。

例如：103 年元月 1 日 12 時 35 分

分 時 日 月 年
辛 丙 壬 甲 癸
卯 午 申 子 巳

三. 查閱「天干及地支十神表」以日干對照四柱或五柱天干及地支取配十神；或直接用公式套入。

　　查易林堂萬年曆第二十頁至二十五頁。

分柱	時柱	日柱	月柱	年柱
正印	偏財	日主	食神	劫財
辛卯	丙午	壬申	甲子	癸巳
傷官	正財	偏印	劫財	偏財

四·可依生月、日、時，對照該月之節氣，依四時八
　節用事歌訣計算相隔日時數，決定藏干日數之深
　淺，以知其藏干含氣：正氣、或中氣、或餘氣。
　再以日干對照藏干，而取配藏干十神。查易林堂
　萬年曆第二十四至、二十五頁。

分柱	時柱	日柱	月柱	年柱
正印	偏財	日主	食神	劫財
辛卯乙	丙午乙丁	壬申壬戊庚	甲子癸	癸巳戊庚丙
傷官	正正官財	比偏偏肩官印	劫財	偏偏偏官印財

四時八節月令人元分日用事表

立春戊土五朝榮

十日丙火建初生

雨水之中甲木旺，驚蟄藤蘿繫甲氣

春分乙木萌芽地，清明七日乙木能

八日癸水歸辰庫

穀雨前三戊土盛，立夏戊土歸祿五

十日庚金在己生

小滿炎明丙火盛

芒種己土祿歸程

夏至陰生丁火局，小暑丁火七朝明

八日乙木歸木庫

大暑時來己土亨

立秋戊土坤生五

十日壬水半宮生

處暑庚金歸祿地，白露盡是太白金

秋分正旺辛金地，寒露辛金七日生

八日丁火歸戌庫

霜降戊土向陽城

立冬甲木初生亥

小雪壬水走千里，大雪陽水衛方行

冬至癸水坎子流，小寒癸水七日旺

八日辛金歸丑庫

大寒己土半月圓

五・日干的十二長生運訣：以日干對照四柱、五柱地
　　支取配。

　　查閱「日干十二長生運表」。易林堂萬年曆表格
　　在二十三頁。以知各柱各干運勢在各支氣之旺衰。

分柱	時柱	日柱	月柱	年柱
2	+1	+3	5	0
正印	偏財	日主	食神	劫財
辛卯乙	丙午己丁	壬申壬戊庚	甲子癸	癸巳戊庚丙
+6	+6 +6	+3 3 +6	+6	+6 +3 +6
傷官	正正官財	比偏偏肩官印	劫財	偏偏偏官印財

六‧天干地支生剋法則：依四柱或時空五柱天干、地
　支之陰陽、五行，分別論干合、干生、干剋，及
　地支三會、 三合、六合、六沖、相刑、相破、
　相害、自刑等，合會成化與否、順逆、化進、化
　退亦含氣數分別注明， 以為推判日主及各個干
　支之氣數、事項吉凶禍福之佐。

分柱	時柱	日柱	月柱	年柱
2	+1	+3	5	0
正印	偏財	日主	食神	劫財
辛卯乙	丙午己丁	壬申壬戊庚	甲子癸	癸巳戊庚丙
+6	+6 +6	+3 3 +6	+6	+6 +3 +6
傷官	正正官財	比偏偏肩官印	劫財	偏偏偏官印財

七‧流年干支之排定：以生年干支為一歲，依序順位
排列，於「周六十甲子順排空亡表（表格在本書
89頁)及流年干支對照表(表格可用六十甲子順
排空亡表在本書89頁）」內分別注記，以利查
閱」。

論流年干支排列：不分男女、年干陰陽，一律以
出生年干支論一歲，次一年干支為二歲…此為流
年干支之論判基準。

※流年於論斷的時間剋應是相當重要的

周天六十甲子順排及空亡表

周天六十甲子順排及空亡表	甲子	甲戌	甲申	甲午	甲辰	甲寅
	乙丑	乙亥	乙酉	乙未	乙巳	乙卯
	丙寅	丙子	丙戌	丙申	丙午	丙辰
	丁卯	丁丑	丁亥	丁酉	丁未	丁巳
	戊辰	戊寅	戊子	戊戌	戊申	戊午
	己巳	己卯	己丑	己亥	己酉	己未
	庚午	庚辰	庚寅	庚子	庚戌	庚申
	辛未	辛巳	辛卯	辛丑	辛亥	辛酉
	壬申	壬午	壬辰	壬寅	壬子	壬戌
	癸酉	癸未	癸巳	癸卯	癸丑	癸亥
旬首	甲子	甲戌	甲申	甲午	甲辰	甲寅
空亡	戌亥	申酉	午未	辰巳	寅卯	子丑

八‧日主及各干支強弱旺衰判斷：以四柱或五柱干支
　　陰陽五行之氣數增減，查閱十二長生表(表格在
　　易林堂萬年曆二十三頁)配合各支加以計算，以
　　論日主及各干支氣數強弱旺衰。(如同五. 日干的
　　十二長生訣)

分柱	時柱	日柱	月柱	年柱
2	+1	+3	5	0
正印	偏財	日主	食神	劫財
辛卯乙	丙午乙丁	壬申壬戊庚	甲子癸	癸巳戊庚丙
+6	+6 +6	+3 3 +6	+6	+6 +3 +6
傷官	正正官財	比偏偏肩官印	劫財	偏偏偏官印財

日壬在　申為+3、壬在子為5、壬在巳為0、
　　　　壬在午為+1、壬在卯為2。

+6的能量最強、其次+5、+4(5等同+4)、+3、(4等
同+3)+2(3等同+2)、+1(2等同+1)、1能量極小、0
為沒有能量。

九·六親定位：將祖上、祖父母、父母親、兄弟姊妹、
　　配偶、子女、上司、事業夥伴、部屬、客戶一一
　　定位辨緣份、論吉凶事象。

六親定位

六親延伸是從天干五合而來，天干五合又是夫妻關係。

當男命為陽天干，六親定位如下：

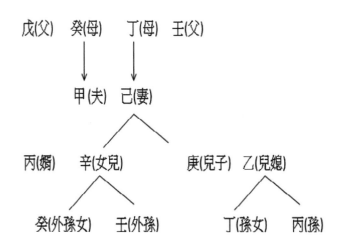

十神六神之推演

天有日月之分陰陽，而且生成萬物，人也秉天地而生分陰陽，陰陽為夫妻之道，有夫妻之道即能生兒育女，六親之關係因此演化，坊間常常將六親之定位推演錯誤，茲將十天干對應十天干的六親人物，作推理演化，並作成十天干之表格，方便查詢使用。

以下我以甲木、己土這組來作推演，其餘同理推算。

壬祖父	丁祖母	外丙祖父	外辛祖母	妻丙祖父	妻辛祖母	外庚祖父	外乙祖母
戊父親		癸母親		壬岳父		丁岳母	
甲木 本人				己土 妻子			
丙女婿		辛女兒		庚兒子		乙兒媳	
外癸孫女		外壬孫男		丁孫女		丙孫男	

男女命六親表

日主	陽干（甲）			
	男命		女命	
甲	比肩	兒子乾爹。兒之妾兄弟。妻之前夫同性朋友	比肩	同性朋友。夫之前妻兒女乾媽。姐妹
乙	劫財	異性朋友。兒媳婦姊妹。妻前男友堂姊妹	劫財	公公。兄弟夫之情人。夫之伯叔
丙	食神	妻之繼母。女婿外祖父。岳父之妾孫子。妻之祖父	食神	祖母。婆婆之母女兒。偏夫之子舅媽
丁	傷官	女兒偏夫。孫女岳母。祖母	傷官	外祖父。女婿之父祖父之妾。兒子
戊	偏財	妻之兄弟。伯父叔父。女友或妾父親	偏財	母之偏夫。外孫女夫之母親。繼父
己	正財	姑媽。妻之姊妹繼父。妻子	正財	伯父叔父。夫之祖父外孫男。父親
庚	偏官	姐夫妹婿。女婿之妾外祖父之妾。兒子	偏官	媳婦。夫之姐妹外祖母。情人。偏夫兒女乾爹
辛	正官	妹之情人。女兒外祖母。妻之祖母	正官	兒子之妾。丈夫外祖父之妾姐夫。妹夫
壬	偏印	外孫男。岳父。繼母伯叔公。父妾祖父。舅舅	偏印	女兒偏夫。伯母叔母。夫之祖母孫女。母親
癸	正印	妻之繼父。外孫女姨媽。伯母。叔母母親	正印	祖父。孫男。女婿夫之外祖父父之妾

男女命六親表

日主	陽干（乙）		
	男命		**女命**
甲	劫財	異性朋友。兒媳婦 姊妹。妻前男友 堂姊妹	劫財 公公。兄弟 夫之情人。夫之伯叔
乙	比肩	兒子乾爹。兒之妾 兄弟。妻之前夫 同性朋友	比肩 同性朋友。夫之前妻 兒女乾媽。姐妹
丙	傷官	女兒偏夫。孫女 岳母。祖母	傷官 外祖父。女婿之父 祖父之妾。兒子
丁	食神	妻之繼母。女婿 岳父之妾。孫子 妻之祖父。外祖父	食神 祖母。婆婆之母 女兒。偏夫之子 舅媽
戊	正財	姑媽。妻之姊妹 繼父。妻子	正財 伯父叔父。夫之祖父 外孫男。父親
己	偏財	妻之兄弟。父親 女友或妾 伯父。叔父	偏財 母之偏夫。外孫女 夫之母親。繼父
庚	正官	妹之情人。女兒 外祖母。妻之祖母	正官 丈夫。外祖父之妾 姐夫妹夫。兒子之妾
辛	偏官	姐夫妹婿。兒子 女婿之妾 外祖父妾	偏官 媳婦。夫之姐妹 情人。偏夫 兒女乾爹。外祖母
壬	正印	妻之繼父。外孫女 姨媽。伯母。叔母 母親	正印 祖父。孫男。女婿 夫之外祖父。父之妾
癸	偏印	外孫男。岳父 伯叔公。父妾 繼母。祖父。舅舅	偏印 女兒偏夫。伯母 叔母。母親。孫女 夫之祖母。

男女命六親表

日主	陽干（丙）		
	男命		女命
甲	偏印	外孫男。岳父 伯叔公。舅舅 父妾。繼母。 祖父	偏印	女兒偏夫。伯母叔母 母親。夫之祖母 孫女
乙	正印	妻之繼父。外孫女 姨媽。伯母。叔母 母親	正印	祖父。孫男。父之妾 夫之外祖父。女婿
丙	比肩	兒子乾爹。兒之妾 兄弟。妻之前夫 同性朋友	比肩	同性朋友。夫之前妻 兒女乾媽。姐妹
丁	劫財	異性朋友。姊妹 兒媳婦。妻前男友 堂姊妹	劫財	公公。兄弟 夫之伯叔。夫之情人
戊	食神	妻之繼母。女婿 外祖父。岳父之妾 孫子。妻之祖父	食神	祖母。婆婆之母 舅媽。女兒偏夫之子
己	傷官	女兒偏夫。孫女 岳母。祖母	傷官	外祖父。女婿之父 祖父之妾。兒子
庚	偏財	妻之兄弟。伯父 叔父。女友或妾 父親	偏財	母之偏夫。外孫女 夫之母親。繼父
辛	正財	姑媽。妻之姊妹 繼父。妻子	正財	伯父。叔父。父親 夫之祖父。外孫男
壬	偏官	姐夫妹婿。兒子 女婿之妾 外祖父妾	偏官	媳婦。夫之姐妹 情人。偏夫 兒女乾爹。外祖母
癸	正官	妹之情人。女兒 外祖母。妻之祖母	正官	兒子之妾 外祖父之妾 姐夫妹夫。丈夫

男女命六親表

日主	陽干（丁）		
	男命		**女命**
甲	正印	妻之繼父。外孫女 姨媽。母親 伯母。叔母	正印	祖父。孫男 夫之外祖父 父之妾。女婿
乙	偏印	外孫男。岳父 伯叔公。父妾。 繼母。祖父。舅舅	偏印	女兒偏夫。母親 伯母叔母。孫女 夫之祖母
丙	劫財	異性朋友。兒媳婦 姊妹。妻前男友 堂姊妹	劫財	公公。夫之伯叔 夫之情人。兄弟
丁	比肩	兒子乾爹。兒之妾 兄弟。同性朋友 妻之前夫	比肩	同性朋友。夫之前妻 兒女乾媽。姐妹
戊	傷官	女兒偏夫。孫女 岳母。祖母	傷官	外祖父。女婿之父 祖父之妾。兒子
己	食神	妻之繼母。女婿 外祖父。妻之祖父 岳父之妾。孫子	食神	祖母。婆婆之母 女兒。偏夫之子 舅媽
庚	正財	姑媽。妻之姊妹 繼父。妻子	正財	伯父叔父。夫之祖父 外孫男。父親
辛	偏財	妻之兄弟。父親 伯父。叔父 女友或妾	偏財	母之偏夫。外孫女 夫之母親。繼父
壬	正官	妹之情人。女兒 外祖母。妻之祖母	正官	兒子之妾。丈夫 外祖父之妾 姐夫妹夫
癸	偏官	姐夫妹婿。兒子 外祖父之妾 女婿之妾	偏官	媳婦。夫之姐妹 情人偏夫。兒女乾爹 外祖母

男女命六親表

日主	陽干（戊）				
	男命		女命		
甲	偏官	姐夫妹婿。兒子 女婿之妾 外祖父妾	偏官	媳婦。夫之姐妹 情人偏夫。 外祖母。兒女乾爹	
乙	正官	妹之情人。女兒 外祖母 妻之祖母	正官	兒子之妾 外祖父之妾 姐夫妹夫。丈夫	
丙	偏印	外孫男。岳父 祖父。伯叔公 舅舅。父妾繼母	偏印	女兒偏夫。伯母叔母 母親。夫之祖母 孫女	
丁	正印	妻之繼父。母親 外孫女。姨媽 伯母。叔母	正印	祖父。孫男 夫之外祖父 父之妾。女婿	
戊	比肩	兒子乾爹。兄弟 妻之前夫 兒之妾。同性朋友	比肩	同性朋友。夫之前妻 兒女乾媽。姐妹	
己	劫財	異性朋友。姊妹 兒媳婦。堂姊妹 妻前男友	劫財	公公。兄弟 夫之情人。夫之伯叔	
庚	食神	妻之繼母。女婿 外祖父。孫子 岳父之妾 妻之祖父	食神	祖母。婆婆之母 女兒。偏夫之子 舅媽	
辛	傷官	女兒偏夫。孫女 岳母。祖母	傷官	外祖父。女婿之父 祖父之妾。兒子	
壬	偏財	妻之兄弟。父親 伯父。叔父 女友或妾	偏財	母之偏夫。繼父 外孫女。夫之母親	
癸	正財	姑媽。妻之姊妹 繼父。妻子	正財	伯父。叔父。父親 夫之祖父。外孫男	

男女命六親表

日主	陽干（己）			
	男命		女命	
甲	正官	妹之情人 女兒。外祖母 妻之祖母	正官	兒子之妾。丈夫 外祖父之妾 姐夫妹夫
乙	偏官	姐夫妹婿 兒子。女婿之妾 外祖父之妾	偏官	媳婦。夫之姐妹 情人。偏夫。外祖母 兒女乾爹
丙	正印	妻之繼父。母親 外孫女。姨媽 伯母。叔母	正印	祖父。孫男。女婿 夫之外祖父 父之妾
丁	偏印	外孫男。岳父 伯叔公。祖父 父妾繼母。舅舅	偏印	女兒偏夫 伯母。叔母。母親 夫之祖母。孫女
戊	劫財	異性朋友。姊妹 兒媳婦。堂姊妹 妻前男友	劫財	公公。夫之伯叔 兄弟。夫之情人
己	比肩	兒子乾爹。兄弟 兒之妾。同性朋友 妻之前夫	比肩	同性朋友 夫之前妻 兒女乾媽。姐妹
庚	傷官	女兒偏夫。孫女 岳母。祖母	傷官	外祖父。女婿之父 祖父之妾。兒子
辛	食神	妻之繼母。女婿 外祖父。孫子 妻之祖父 岳父之妾	食神	祖母。婆婆之母 女兒。偏夫之子 舅媽
壬	正財	姑媽。妻之姊妹 繼父。妻子	正財	伯父。叔父。父親 夫之祖父。外孫男
癸	偏財	妻之兄弟。父親 伯父。叔父 女友或妾	偏財	母之偏夫。外孫女 夫之母親。繼父

男女命六親表

日主	陽干（庚）		
	男命		女命
甲	偏財	妻之兄弟。父親 伯父。叔父 女友或妾	偏財	母之偏夫。外孫女 夫之母親。繼父
乙	正財	姑媽。妻之姊妹 繼父。妻子	正財	伯父叔父。夫之祖父 外孫男。父親
丙	偏官	姐夫妹婿。兒子 女婿之妾 外祖父之妾	偏官	媳婦。夫之姐妹 情人。偏夫 兒女乾爹。外祖母
丁	正官	妹之情人。女兒 外祖母。妻之祖母	正官	兒子之妾 外祖父之妾 姐夫妹夫。丈夫
戊	偏印	外孫男。岳父 伯叔公。舅舅 父妾。繼母。祖父	偏印	女兒偏夫。母親 伯母叔母。孫女 夫之祖母
己	正印	妻之繼父。母親 外孫女。姨媽 伯母。叔母	正印	祖父。孫男。女婿 夫之外祖父 父之妾
庚	比肩	兒子乾爹。兄弟 兒之妾。妻之前夫 同性朋友	比肩	同性朋友。姐妹 夫之前妻。兒女乾媽
辛	劫財	異性朋友。姊妹 兒媳婦。堂姊妹 妻前男友	劫財	公公。夫之伯叔 夫之情人。兄弟
壬	食神	妻之繼母。女婿 外祖父。孫子 岳父之妾 妻之祖父	食神	祖母。婆婆之母 女兒。祖父之妾 舅媽
癸	傷官	女兒偏夫。孫女 岳母。祖母	傷官	外祖父。女婿之父 偏夫之女。兒子

男女命六親表

日主	陽干（辛）			
	男命		女命	
甲	正財	姑媽。妻之姊妹 繼父。妻子	正財	伯父叔父。父親 夫之祖母。外孫男
乙	偏財	妻之兄弟 伯父叔父 女友或妾。父親	偏財	母之偏夫。外孫女 夫之母親。繼父
丙	正官	妹之情人。女兒 外祖母 妻之祖母	正官	兒子之妾。丈夫 姐夫妹夫 外祖父之妾
丁	偏官	姐夫妹婿。兒子 女婿之妾 外祖父之妾	偏官	媳婦。夫之姐妹 情人。偏夫 兒女乾爹。外祖母
戊	正印	妻之繼父。姨媽 外孫女。母親 伯母叔母	正印	祖父。孫男。父之妾 夫之外祖父。女婿
己	偏印	外孫男。岳父 伯叔公。祖父 父妾。繼母。 舅舅	偏印	女兒偏夫 伯母。叔母。母親 夫之祖母。孫女
庚	劫財	異性朋友。姊妹 兒媳婦。堂姊妹 妻前男友	劫財	公公。兄弟 夫之情人 伯叔夫之
辛	比肩	兒子乾爹。兄弟 兒之妾 同性朋友 妻之前夫	比肩	同性朋友。姐妹 夫之前妻 兒女乾媽
壬	傷官	女兒偏夫。孫女 岳母。祖母	傷官	外祖父。女婿之父 祖父之妾。兒子
癸	食神	妻之繼母。女婿 外祖父。孫子 岳父之妾 妻之祖父	食神	祖母。婆婆之母 女兒。偏夫之子 舅媽

男女命六親表

日主	陽干（壬）		
	男命		女命
甲	食神	妻之繼母。女婿 外祖父。妻之祖父 岳父之妾。孫子	食神	祖母。婆婆之母 女兒。偏夫之子 舅媽
乙	傷官	女兒偏夫。孫女 岳母。祖母	傷官	外祖父。女婿之父 祖父之妾。兒子
丙	偏財	妻之兄弟。父親 伯父叔父 女友或妾	偏財	母之偏夫。外孫女 夫之母親。繼父
丁	正財	姑媽。妻之姊妹 繼父。妻子	正財	伯父。叔父 夫之祖父 外孫男。父親
戊	偏官	姐夫妹婿 女婿之妾 外祖父之妾。兒子	偏官	媳婦。夫之姐妹 情人。偏夫 兒女乾爹。外祖母
己	正官	妹之情人。女兒 外祖母。妻之祖母	正官	兒子之妾 外祖父之妾 姐夫妹夫。丈夫
庚	偏印	外孫男。岳父 伯叔公。父妾。繼母 祖父。舅舅	偏印	女兒偏夫 伯母叔母。母親 夫之祖母。孫女
辛	正印	妻之繼父。外孫女 姨媽。伯母。叔母 母親	正印	祖父。孫男 夫之外祖父 父之妾。女婿
壬	比肩	兒子乾爹。兒之妾 兄弟。妻之前夫 同性朋友	比肩	同性朋友 夫之前妻。姐妹 兒女乾媽
癸	劫財	異性朋友。兒媳婦 姊妹。妻前男友 堂姊妹	劫財	公公。夫之伯叔 夫之情人。兄弟

男女命六親表

日主	陽干（癸）			
	男命		女命	
甲	傷官	女兒偏夫。孫女 岳母。祖母	傷官	外祖父。女婿之父 祖父之妾。兒子
乙	食神	妻之繼母。女婿 外祖父。妻之祖父 岳父之妾。孫子	食神	祖母。婆婆之母 女兒。舅媽 偏夫之子
丙	正財	姑媽。妻之姊妹 繼父。妻子	正財	伯父叔父。父親 夫之祖父。外孫男
丁	偏財	妻之兄弟 伯父。叔父 女友或妾。父親	偏財	母之偏夫。外孫女 夫之母親。繼父
戊	正官	妹之情人。女兒 外祖母 妻之祖母	正官	兒子之妾 外祖父之妾 姐夫妹夫。丈夫
己	偏官	姐夫妹婿。兒子 女婿之妾 外祖父之妾	偏官	媳婦。夫之姐妹 情人偏夫 兒女乾爹。外祖母
庚	正印	妻之繼父。母親 外孫女。姨媽 伯母叔母	正印	祖父。孫男 夫之外祖父 父之妾。女婿
辛	偏印	外孫男。岳父 伯叔公。祖父 父妾。繼母。舅舅	偏印	女兒偏夫 伯母。叔母。母親 夫之祖母。孫女
壬	劫財	異性朋友。姊妹 兒媳婦。堂姊妹 妻前男友	劫財	公公。夫之伯叔 夫之情人。兄弟
癸	比肩	兒子乾爹。兄弟 兒之妾。同性朋友 妻之前夫	比肩	同性朋友。姐妹 夫之前妻 兒女乾媽

十. 取用神，明喜忌：所謂用神是我要追求的一個主體稱之用神，如要追求財、感情、事業、子女，那麼此財、感情、事業、或子女的興衰、緣份就稱用神，而非傳統的取平衡點稱用神，此點不得不知。

　　喜神就是幫我追求的事物，可產生助力的干、支稱之喜神。

　　忌神就是破壞我追求事物的干、支稱之忌神，而非取平衡點。

例如： 此例要瞭解金錢，那丙為財星，為用神，丙在午有5得能量，代表求財容易，喜神為地支的巳、卯。忌神為月支的子水，乃破壞財星，與午產生子午沖。

分柱	時柱	日柱	月柱	年柱
2	+1	+3	5	0
正印	偏財	日主	食神	劫財
辛卯乙	丙午乙丁	壬申壬戊庚	甲子癸	癸巳戊庚丙
+6	+6 +6	+3 3 +6	+6	+6 +3 +6
傷官	正正官財	比偏偏肩官印	劫財	偏偏偏官印財

十一‧辯格局：格局可論於個性、心性、追求動態，但真正用於辯格局高低已沒那麼重要了。依命局五行、十神配置，以日干對照月支（表格在易林堂萬年曆二十四、二十五頁）；以透月支藏干取格。 或以月支藏干支本氣取格。

例：日主壬水生於子月，子為劫財，劫財於地支稱羊刃所以此例稱羊刃格。但事實好壞與什麼格沒有關係，只是羊刃代表較強的氣，所以此人積極、主動、較無法聽從別人意見，又羊刃代表刀，故手或胸部位置易受傷留下疤痕。

十二．空亡之應用：空亡又稱天中殺以年柱及日柱干支，分別對照旬中所屬空亡之支字，再觀四柱地支是否逢之。
查易林堂萬年曆一一五表格，在本書 89 頁。

例：癸巳年空亡在午、未。時柱為午為本命之財星，
　　臨空亡之地，金錢易財來財去，建議購買土地、
　　房產保值。日柱壬申日，空亡在戌、亥，命局中
　　不見戌、亥，所以日柱沒有空亡星。

分柱	時柱	日柱	月柱	年柱
2	+1	+3	5	0
正印	偏財	日主	食神	劫財
辛卯 乙	丙午 乙丁	壬申 壬戊庚	甲子 癸	癸巳 戊庚丙
+6	+6 +6	+3 3 +6	+6	+6 +3 +6
傷官	正正 官財	比偏偏 肩官印	劫財	偏偏偏 官印財

十三‧命帶神煞之應用：以出生、年、月、日、時之
　　　　干或支，或其他神煞表，分別取配神煞，以為
　　　　論命方向之佐證。易林堂萬年曆八十九頁至一
二五頁。

　　本人於論命當中，會使用有鼓勵性的神煞，較
驚悚的、恐嚇性的神煞，我完全不用，因會讓客
人產生不安，違背良心道德。

十四條之後是傳統八字論命所使用，本人用大自然生態之法則理論作應用論斷，所以十四條以後，本人完全不使用。今日提出與讀者分享。

十四·小兒關煞之應用：分別以年干、月支、日干取之，以為出生幼童養育之注意事項。查易林堂萬年曆六十九頁至七十一頁。

　　但小兒關煞也會讓為人父母親產生恐慌、不安，而且其用詞也都為驚悚之名稱，建議不要用，才不會違背良心道德。

十五·命宮、胎元、胎息之應用：命理推論佐輔之功能，在於傳統八字論命都不會以等閒視之。

分柱	時柱	日柱	月柱	年柱
2	+1	+3	5	0
正印	偏財	日主	食神	劫財
辛卯	丙午	壬申	甲子	癸巳
乙	乙丁	壬戊庚	癸	戊庚丙
+6	+6 +6	+3 3 +6	+6	+6 +3 +6
傷官	正官 正財	比肩 偏官 偏印	劫財	偏官 偏印 偏財

胎元：受胎之月，以月柱干支為基準，於擇日又稱陽
　　　氣、陰胎。月干進一位，月支進三位，所組之
　　　干支即是。（表格在易林堂萬年曆四十二頁）

　　本命月柱為甲子。甲月干進一為乙，子月支進三
為卯，所以胎元為「乙卯」。

胎息：以日柱干支為基準，取與日柱干支相合者（天
　　　干五合，地支六合）之干支，即為胎息。（表
　　　格在易林堂萬年曆四十二頁）

　　本命日柱為壬申，壬與天干丁五合、申與地支巳
六合，所以胎息為「丁巳」。

命宮：以生月中氣、生時取之。（表格在易林堂萬年
　　　曆四十一頁）

　命造103年元月1日12時35分生，為冬至後大雪
前，為十二月午時，查四十一頁表命宮在戌宮。

　　　以命局配合胎元、胎息、命宮之支，與命局四支
共論含氣數，是否成三會、三合之局，是否對命局造
成力量之增加，得知胎元、胎息、命宮之助力或阻力。

十六・立行運：分男女、以年干陰陽，而定順逆行運。
在於傳統論命都不會以等閒視之。

男命生年為陽天干稱陽男或女命出生年為陰天干稱陰女，為順行運。

男命生年為陰天干稱陰男或女命出生年為陽天干稱陽女，為逆行運。

順行運：以出生日後之下一個入節時間扣減出生之月、日、時。

例如：103 年元月 1 日 12 時 35 分生，至下一個入節時間 103 年 1 月 5 日 18 時 24 分為「4 日又三個時辰(5 小時 49 分)交入小寒」。

逆行運：以出生之月、日、時，扣減出生日前之上一個入節時間。

例如：103 年元月 1 日 12 時 35 分生，至生日前之上一個入節大雪辰時 7 時 9 分為「25 日又二個時辰(5 小時 26 分)」。

出生之月、日、時，與入節時間相同者，不論男女，不分年干陰陽，一律以一歲立行運。

十七・大運排列：以月柱干支為基準。

順行運：陽男陰女，以月柱干支之次一位干支為第一
　　　　柱，再依序順行排至第十柱止。

命　造：

分柱	時柱	日柱	月柱	年柱
2	+1	+3	5	0
正印	偏財	日主	食神	劫財
辛卯乙	丙午乙丁	壬申壬戊庚	甲子癸	癸巳戊庚丙
+6	+6 +6	+3 3 +6	+6	+6 +3 +6
傷官	正正官財	比偏偏肩官印	劫財	偏偏偏官印財

為甲子月生，所以大運排列為

　　甲癸壬辛庚己戊丁丙乙
　　戌酉申未午巳辰卯寅丑

　　　　←

逆行運：陰男陽女，以月柱干支之上一位干支為第一
　　　　柱，再依序逆行排至第十柱止。

命　造：為甲子月生，所以排大運列為

　　甲乙丙丁戊己庚辛壬癸
　　寅卯辰巳午未申酉戌亥

　　　　←

※本人推論出生之八字，大運已不是主軸，乃一柱主宰十年為荒謬之論，不符合現在資訊社會時代的快速變遷。目前所有八字研究者視為重要的輔助行運，但事實是一套偽訣，因為大多數論命者都無法掌握一年的事項了，那十年的大運不就等於多此一舉的學術，用大運來全包十年的吉凶概性來論斷是不準的。

十八‧小運排列：幼童未交大運前，則推其小運。在於傳統論命都不會以等閒視之。

　　起法以時柱干支為基準：

陽男陰女：順行，以時柱干支之次一位干支為一歲，為小運干支，依次順排至大運前止。

例如：為丙午時生，者從丁未、戊申、己酉…至大運止。

陰男陽女：逆行，以時柱干支之上位干支為一歲，為小運干支，依次逆排至大運前止。

例如：丙午時生，者從乙巳、甲辰、癸卯…至大運前止。

◎另一法則，可以年柱干支為一歲，為小運干支。

再依：**陽男陰女**：順排，以年柱干支之次一位干支
為二歲。依次順排至大運前止。

例如：癸巳年生一歲，甲午為二歲、乙未為三歲…。

陰男陽女：逆排，以年柱干支之上一位干支為二歲。
依次逆排至大運前止。

例如：癸巳年生為一歲、壬辰年二歲、辛卯為三歲…。

本人於論命中，完全不使用傳統之大運、小運、命宮、胎元、胎息、取喜用神，而是以大自然生態法則作為論斷依據，配合流年之運行及四柱的柱限行運，再配合十二長生訣、四柱之刑、沖、會、合、害，五行之生剋論之。

十九·歲運十二宮位神煞論：在於傳統論命都不會以
　　等閒視之。但本人也已不使用了。

方法 1.　擇年支所屬之十二宮位神煞圖依命宮所屬
　　　　支位，逆佈十二宮。於易林堂萬年曆第七十
　　　　二頁至八十六頁中。

分柱	時柱	日柱	月柱	年柱
2	+1	+3	5	0
正印	偏財	日主	食神	劫財
辛卯乙	丙午乙丁	壬申壬戊庚	甲子癸	癸巳戊庚丙
+6	+6 +6	+3 3 +6	+6	+6 +3 +6
傷官	正正官財	比偏偏肩官印	劫財	偏偏偏官印財

例：此命盤年支為巳，於易林堂萬年曆 76 頁找到巳年
十二星盤圖，本命命宮在戌，戌宮即代表一歲，宮內
為月德、小耗、死符、板鞍、紅鸞，二歲為亥宮、三
歲為子宮…，神煞之吉凶解釋再於 80〜86 頁。

方法 2. 以日干對照十二宮位神煞支，填列十二長生
運，及地支十神。

以日干對照各宮位之天干，用五虎遁遁出天
干，填列天干十神。

以年柱干支為1歲基準，依流年干支順排所
屬年歲，直接套入十二宮位神煞圖循環使
用。

二十一. 綜合論命：以大運干支所管之年運，與流年
干支，和命局四柱干支的行限，及神煞，共
論吉凶禍福。

在於傳統論命都不會以等閒視之。

以上推命之步驟一至十三條的步驟，是本人
論命應用的步驟法則，再配合以大自然生態作為
論斷之訣竅。

貳 · 推命之要領

一 · 論個性、情性及形貌：

依八字命局五行較強者而觀個性、情性及形貌。另可以日干陰陽、五行、日柱地支之屬性、十神推論其性情。

二 · 論適合之事業：

以八字原局有的五行為主，而不是以不足的、不見的來平衡，這是錯誤的理論，因為不見的或不足的是我想擁有，但不代表我可以做的好。以原局相剋為第一選擇，其次再以我生為第二選擇。我剋即是我想掌控，乃相剋才會創造；我生就是我想表現。

三. 論命吉凶：

依命局五行、十神之旺衰、配置、主導用神之有力、團結、有情與否、十天干、十二地支之生存力論斷，用十二長生訣論其旺衰。

四 · 論疾病：

年干支、日干支為先天之疾病。又可參酌命局五行含氣數，以知過旺及偏枯之五行，除該五行之疾外，其相剋之行亦易罹疾。又四柱各個宮位及其干支代表之部位。

另四柱干支不良組合，有刑、沖、剋或坐弱運，亦易罹疾。於八字論斷中，論疾病屬較難論斷的部分，因為現代社會病的名稱、屬性、種類太多了，所以準確度大約只有 70%而以。

五・論有利之方位、財運機會方位：

以主導喜用神（非傳統五行平衡點，而是我想追求的、我在意的事項，稱主導用神）之五行推論其祿、馬、貴為主。

（可參閱八字決戰一生《開運致富篇一、二》即將出版）。

六・論注意流年行運：

歲運剋沖主導用神之星（財、官、印、比、食及所追求的稱之主導用神），或行主導用神之歲運坐死墓絕者；或命局干支沖歲運之干支；或日主死絕無氣，主導用神無力休囚，均為小心注意的流年，應謹慎小心處事。

七・論六親及十二宮：

以代表六親之十神（依六親定位法取得）、四柱坐下之神煞、十二長生運及干支生剋，十神之配置、旺衰解析論六親。（十二宮位之論斷也是完全依此法論之）

十二宮應用定位解析：

1. 命宮：長相、個性、心性論斷法

顯示出個人的特性、樣貌、本質及特有的才華、能力，以及面對未來的一切人、事、物。此宮位為「日柱干支稱命宮」。

時柱	日柱	月柱	年柱
	命宮		

2. 兄弟宮：兄弟姊妹緣份、成就論斷。

表示兄弟姐妹之間緣份的深淺，你和他們彼此之間的互動關係，是否能得到有才華、能力的兄弟姐妹之幫助。此宮位以「月干支配合日支為主」，再以比肩、劫財之星作定位，與日柱的互動關係。

時柱	日柱	月柱	年柱
		兄弟宮	

3. 夫妻宮：夫妻先天命卦合參、桃花、感情、 婚姻、外遇及夫妻緣份之論斷。

表示個人所喜愛的理想伴侶，與對婚姻的掌握程度，與其配偶之間的互動關係，夫妻之間精神生活上的事項。此宮位為「**日支稱之夫妻宮**」，也代表日干回到家中與日支的變化互動配合財、官之互動關係。

時柱	日柱	月柱	年柱
	夫妻宮		

4. 子女宮：子息緣份及成就論斷。

表示你的子女性格、思考羅輯、情性、專長所顯示出來的行為，也可以知道你與子女之間彼此的互動關係。此宮位以「**時柱稱之子女宮**」，男命配合官殺論斷，女命配合食神、傷官論斷其互動關係。

時柱	日柱	月柱	年柱
子女宮			

5. 財帛宮：財富、事業成就論斷。

　　表示個人的財源、理財能力、財務狀況？是否能擁有財富理財的能力、收入與支出的平衡。此宮位以「**月支稱之財帛宮**」，乃財帛多寡屬先天之福蔭所有，所以以月支之先天宮論斷。「**時柱之財帛宮位是由後天努力得到的財帛多寡**」，屬後天努力所得。配合食神、傷官、財星論斷其互動關係。

時柱	日柱	月柱	年柱
後天財		財帛宮	

6. 疾厄宮：疾病、傷害、疤痕申論類化論斷。

　　可代表個人的身心與健康情況及體質，只要懂得日常保養，有健康的身心、身體就可以創造出幸福。

　　此宮位以「**日柱稱之疾厄宮**」，配合月柱、時柱之互動關係作為論斷。

時柱	日柱	月柱	年柱
	疾厄宮		

7. 遷移宮：外出、求財類化論斷。

表示環境的變化,人際關係以及對運勢的影響及個人的外交能力,和外出狀況的發展是否順利。此宮位以「時柱稱之遷移宮」,配合年柱及日柱之互動關係。

時柱	日柱	月柱	年柱
遷移宮			

8. 交友宮：朋友、客戶緣份或成就論斷。

表示個人與朋友、同事之間的偏好、興趣、喜好的各種互動關係,及面對各種事物的反應。此宮位以「時柱稱之交友宮」,配合比肩、劫財之互動關係。

時柱	日柱	月柱	年柱
交友宮			

9. 官祿宮：考運、學業、事業成就、官貴、身份地位論斷。

　　表示個人求學時期的學業成績，或對事業所追求的企圖心，與事業上所發展的情況，及整體運勢。此宮位以「月柱稱之官祿宮」，以「時柱論之事業宮」，再配合印星、官殺、財星之互動關係。

時柱	日柱	月柱	年柱
事業宮		官祿宮	

10. 田宅宮：陽宅、方位及居家環境申論類化。

　　表示個人的不動產、土地及居家、陽宅的生活環境上的事物，有土地也是真正的財庫位。此宮位以「時柱稱為田宅宮」也是屬於後天之財帛宮位，配合印星及辰、戌、丑、未之互動關係。

時柱	日柱	月柱	年柱
田宅宮		陽宅宮	陰宅宮

11. 福德宮：祖先福蔭、祖墳陰宅、長輩提攜、
精神、物質論斷法。

　　表示個人有關精神方面或物質方面的享受,祖德的福份多寡也可知道你對物質上的享受。此宮位以「**年柱稱之福德宮**」,配合月柱、印星、財星之互動關係。

時柱	日柱	月柱	年柱
			福德宮

12. 父母宮：父母宮位、緣份、助力論斷法。

　　表示父母的性格、特質,以及面對事物的反應,父母所教導我的方式與態度,也可知道你對父母親的看法。此宮位以「**月柱稱之為父母宮位**」,配合年柱、日柱及印星、財星之互動關係。

時柱	日柱	月柱	年柱
		父母宮	

※以上十二宮之論斷可再配合十神之應用,更精準無比。

案例:

某人的媽媽想賣房子,賣得掉嗎?賣或不賣好?

劫財	偏官	日主	偏官	劫財
癸	戊	壬	戊	癸
丑	申	戌	午	巳
正官	偏印	偏官	正財	偏財

壬戌,一體兩面,水兩面流,可說還沒決定要賣或不賣,處於三心兩意當中。賣掉是否可獲得財星,壬遇到午是丁壬合, 又見巳和午具有溫度代表此房子壬戌有價值性。

壬戌的印星為申,戌中有辛,丑中有辛,代表印都在土下,因此蓋完後房子不是很完整,或是產權方面未移轉清楚(根據了解是因為房子在蓋的時候影響到別棟樓的磁磚問題,導致延遲交屋)。壬的印星為庚金,庚金藏在巳當中,代表房子的文書方面(證照,產權)的問題都是被隱藏的。

　　將壬戌定位成建商的時候，巳和午可代表政府官員，巳和午都落入戌有官商勾結的問題，也代表這個建商壬戌是有來歷的，癸水剋巳和午（可說是有人去檢舉）並癸給予巳和午壓力迫使去處理這件事，而癸最後入丑代表事情可以處理好。

　　壬戌遇到午和巳（午和巳為壬的財星可被戌收藏），表示賣掉可以獲得財星。此房子的印星不漂亮因此不是很喜歡，住高樓風很大（戌申）。若在此屋居住變成申和丑，壬的流動受到阻礙（功能性降低），住在那無財星反而是一種受限，若是單純居住是可以的，但若是想要有好發展則不建議，因為財星受限，而且高山阻礙了壬水，壬戌又代表水留不住，財損，也能代表在那邊待不住，反而是之前住的房子較好。

　　壬（男）的媽媽為戌中的辛，巳和午落入戌庫（媽媽住高雄），並且辛入戌庫代表是媽媽要住的。這間屋子不適合年輕人居住，火的能量不足，財星又受限。

八‧論學歷：

升學應考期間的流年、行限，為官印之十神，對考試、學歷有正面加分的作用，但男、女的忌星為感情管事的財星，財星感情一進入，就會破印，印為學習，學習會有阻礙。

命帶文昌、學堂、學館、華蓋學術之星及印星遇祿；正官或正印於命局旺而有力、透干或干合日干、或支合、支會日支成官印者。

升學應考期間，流年為官、印，逢三台、八座值事。或科甲星，坐吉神貴人，居旺地者。

命局官、印有力，近日主，無破損，五行平衡，不雜者。以上條件愈多者，愈為高學歷者。

九‧論姻緣：

姻緣者：男命的正、偏財星，女命的正、偏官星，夫妻星透干且合。行限柱夫妻星，或干支與日柱干支合者為結婚之年，尤其合成夫妻星者，更屬結婚之年。流年干支與原命局之男命的財星、女命的官殺星有合或會者均為姻緣來到之時宜把握。女命合成食傷或食傷入命，男命合成官殺或官殺入命者，為易先子後婚之流年。

十・論財富：

日主能承載有力，流年歲逢財星入命，尤其三會同屬一方之氣旺、或三合、六合、天干五合成財局，或財星坐十二長生的強運，均能致富，而且財星愈旺愈富。

日主無承載力，財星強而有力，流年逢印、比劫十二長生的強運助，印、比劫愈旺則愈富，乃原局食傷、財星已旺。

凡本篇各單元及十二宮應用定位，務必能融會貫通後，方能得心應手。初學者，可從本身推論起，進而論及親朋好友，從已知的過去經驗，相互印證命理，逐漸培養信心，尤其八字時空論命是我們最好的老師，每天可馬上直接印證，直接快速最好的學習方式。

　　一般江湖術士，大都以營利化煞、改運為主，談論命理因陋就簡，而讓求算聽了會產生無限的恐慌與不安，不若自己每天用時空論命，自己推論來得詳細，且能練出八字的好功力。

　　本著作「八字十神洩天機」系列中及「八字時空洩天機」系列與「八字決戰一生」系列篇當中，會有更多、更多的工具斷訣、應用及實例分析，讓您一氣合成，使命理與實務相輔相成，讓您快速成為一代八字大師。

香火傳承的壓力

　　這個盤是都市裡的浮世繪，不斷輪迴上演著男歡女愛的愉悅，當事人在結婚後，變調的生活和香火的問題，困擾著，男主角在原配外遇離婚後，想要再婚，另組家庭，更想生個男生，以便延續香火的傳承，我們來看他是否能順利，老師用他多年來的功力，直斷這個人八字的核心。

偏官	正官	日主	偏財
癸	壬	丁	辛
卯	辰	酉	亥
偏印	傷官	偏財	正官

　　以丁火當主體，配偶是正財星，這個盤找不到正財，就以偏財星辛金為主，所以在配偶星的論斷，就以年干辛這為配偶妻星。辛金坐亥水，代表主動、大方、人緣不錯，卯木為丁之印，卯木過不了亥水冬天；卯木跟酉，又產生了卯酉沖，丁的印星卯木沒辦法跟酉金作合，卯印星沒辦法入夫妻宮，在夫妻的關係裡是受傷的，卯木

遇亥水也受傷，老婆想要離開這個家，老婆在家裡是不快樂的，因為卯酉沖，不管換什麼樣的房子，住在什麼樣的房間，老婆總認為不太理想，因為印星受傷了，卯就是他的印，她的家， 老婆在家總有一股無形的壓力，（後來證實，太太因外遇而離婚了），且卯木上有癸，癸和丁，產生了癸丁交戰，卯木逢酉金沖受傷，有香火神主牌位的問題，文書、神主牌位書寫方面有錯誤，宜重新調整書寫，可作為氣的轉化。

以丁來講，六親定位壬是女兒，亥水會讓辰受傷，這個女兒，媽媽傷她很深，所以女兒不住在家裡。丁壬和辰酉天地鴛鴦合，父親和女兒感情很好，爸爸現今的女朋友是酉金，進入了這個家又是卯酉沖，酉又會合到外面的辰。老師建議男命不要娶，同居就好，同居就可以很甜蜜，事事都是新鮮，但只要一結婚，女朋友馬上成為酉金，酉金又會去合外面的辰土，卯酉又產生沖，氣不斷在變動、循環中，無法脫離這一股糾纏，只有不是名正言順，才能化解。

　　以丁來講，壬是正官星女朋友，女朋友歲數比他大，或是工作上班地方認識的。丁合壬，壬的情性不忠，丁壬合丁為女朋友壬的財星，丁壬合遇時柱卯木，也代表為女朋友的食傷，同居時是丁壬合，情慾的表現，情慾的發洩，感情很好，性生活協調，魚水相融，同居時女朋友不會有外遇，一旦結婚，太太就會成為酉金，酉金又會不安於室、又會不乖。

　　男命一直想要生個兒子來延續香火，但這個盤裡只要他再生兒女，癸就要來滅丁，所有的兒子一定是七殺，七殺有好的，也有毀滅性的，終究天干都是癸丁交戰，地支又是卯酉沖，是要來討債的，敗光家產的。

　　這個原命局，上輩子是建築商人，建造房子時沒用心建造，常常讓別人的房子受損，以至於會不斷的輪迴，印星受傷之事，配偶又會合到外面的男女朋友，以至婚姻無法穩定。

　　老師說，這格局原本就有香火的問題，現在只是煩惱沒有傳承下一代，但只要一生下小孩就有毀滅性，所以建議不辦結婚，只同居，不生小孩，沒有婚姻的約束、責任，反而更長久、更甜蜜。

（此案例由太乙文化事業，許碧月老師筆錄提供）

權 與 錢

權的來源是錢，權跟錢永遠在糾葛，這位男命的課題是繼續當官好?還是求財?

劫財	日主	偏印	偏印
癸卯	壬申	庚辰	庚戌
傷官	偏印	偏官	偏官

以壬來講庚是偏印，庚戌到庚辰官位一直再晉升中，原本戌官星是沒有變成有，從基層幹起，當到最高層的官，庚金是偏印，偏印是可有可無，不是正規的教育(正印是基本的教育，正規教育、不得不接受的教育)，所以此人喜歡偏冷門的學習，脫離傳統學術的學習，又癸水的記憶容量大，淵源流長，在生活中，飽讀詩書，閱歷了天文地理、山川大地、琴棋書畫儘在胸中。

庚戌到庚辰，講的是房屋、土地、心態上的轉變、變遷，庚戌土套入十神是官星，氣不斷的在加強中，努力不懈，官印相生，變成癸的氣，如果壬申本人繼續當官，會有牢獄之災，直接將官轉為財星，壬遇卯木，火的能量還不錯，雖然沒有以前穩定，但功成身退後，還可穩住，生命自由，不會受傷，建議出來做生意，因為後面的格局是傷官會剋官，辰不見了，又重新而來，牢獄之災才重新來，辰卯內心充滿改造的基因，新的思維，用傷官來生財會更好，可免於牢獄之災。

第二個問題是佣金是否能如願的拿到 500 萬？

談到財，論的是辰戌沖，原本的 500 萬，經辰戌沖，土的信用不見了，變成是 250 萬的象，他當官所以不可以收錢，建商如不能如期交屋，兩方面都會出現問題；申子辰合，申卯暗合是 4 的象，400 萬是最低的底線，但老師說若執意要拿 400 萬的話，申子辰會損掉，對方會反咬一口，很危險，會有牢獄之災；若論辰戌沖，辰戌的氣還在，不會不見，若要用合申子辰的象 400 萬，會損掉申，損掉壬，使得壬申受限於牢獄之中，不得不防。

　　癸卯是我想得到的財星，卯為乙、申為庚，乙庚合會牽連一大票人出來，癸是異性朋友，只要癸一出現在壬旁邊，壬就會暈船，乃壬用傷官表現來鞏固女朋友心中的地位，壬旁邊的癸卯為他的女朋友，他為女朋友很捨得花錢，癸卯也是子女的宮位，壬也會捨得為子女花錢，乙庚合一大票都會被牽連來，沒有明顯看到丙火、丁火的財星力量，只有癸水劫財，所以是牽連朋友而非損財的象。

　　從戌到辰到申，財星越來越多，為什麼要脫離官場，因為當官是壬申，壬申遇辰戌沖，而做生意是癸卯，壬的財星是丙、丁火，有暗財，套入庚金生壬水，有長輩緣，庚落點在申，權力很大，他講的話屬下會服從；印星很旺，他以前講話別人會聽進去。當了官以後，還不忘一直學習，庚金會主動學，學的東西可以派上用場，因為庚辰在長輩的宮位，也很孝順父母親，願意為父母親付出。月柱庚辰在外能獨當一面，全力以赴，回到家中，就不想出門，喜歡待在家裡面，共享天倫之樂。

　　壬申很有魄力，但一遇癸，異性女子，就會很乖；癸卯，卯為乙、申為庚，乙庚合，戌到辰到申，財星越來越多，越來越旺，當官會讓壬申受限而產生官非，做生意就是癸卯，以上是老師的建議。

（此案例由太乙文化事業，許碧月老師筆錄提供）

雄才大略，家庭的支柱、社會精英

　　日元甲木之人：沈著穩定，雄才大略；在家庭是家裡的支柱；在社會上是菁英人士；在國家是棟樑之材，在工作事業上是領導者。請看老師解析甲木之人的特質，讓同學儘收眼底。

比肩	偏印	比肩
甲子	日主	比肩
	壬申	甲寅
甲辰		
正印	偏官	比肩
	偏財	

　　甲遇甲是相親相比，比肩遇比肩都在講創業的過程，甲木的星為陽、為大、為主動，甲木的本體是老板的格局，甲木比肩屬於靜態的，甲遇甲是創業的開始。木經過一個白天、一個黑夜，在人們一睡一醒之間，時間的流逝，木已長成大樹。

年柱甲寅自坐祿，甲寅一得到陽氣（丙、丁、卯、辰、巳、午、未），速度很快的蔓延開來，能量一直在提升。年柱甲寅，日主甲的祿來自上輩子的福德，先天祖父母帶來的財庫，我可以享用，也可以承襲祖父母的福德給下一代。寅申沖，祖父母留給父母親的花掉，因壬申產生了狂風暴雨，水位滿了要洩洪，反而留給我自己日柱甲辰的福德比較多。

甲木遇甲木在時柱，時柱是子女、部屬，我晚年的宮位，在四十一歲後，會和朋友講到創業的事。遇到丙、丁、巳、午火的流年，是充份展現自我的時期，甲木遇火是食傷的展現，才華洋溢，突顯於外，遇水的流年是學習，充實自我，研究學術最好的階段，癸巳年子水透干，堆祿入命，巳火食傷也進入命局中，巳申又合，將是充實自我，才華展現、名利雙全、官印相生，官祿地位之晉升的流年。甲午年投資創業，功成名就，也為名利雙得，時柱子、午沖，學以致用，居家之搬遷。

甲木遇子是沐浴位，潛藏在地底下，往下紮根，甲子還有無限生機，甲子想創業，將成果傳承給子女。可惜甲子遇寒冬中，甲木所喜陽氣現，但不明顯，子是冬至一陽生，甲木一生忘不了事業，甲遇甲在穩定中成長，開口閉口講的都是如何讓事業體成為業界的頂尖人物，甲木趨向良性的競爭，公平性的競爭，不怕惡勢力，

　　甲木先天的體主靜，會在靜中觀察思考，往前邁向成功之路。甲遇乙，競爭會比甲遇甲激烈，也為不公平之競爭，當然也代表甲木是有能力之人。

　　甲寅還在寒氣，一年之中寅月最冷，一天之內寅時最冷，古時候打戰，拂曉攻擊於寅時，寅時最容易讓敵人掉以輕心。

　　日主甲辰之人，外在機會很多，機會會自己來，水是能源，機會會來，甲木在辰很活躍，辰是十二闢卦的五陽之地，辰是小邦之主，住家旁有明顯的地標人物，區域的首長，甲辰之人內心自信滿滿，外在沒有攻擊力。

　　和這個盤甲辰有很好的互動關係，或往來頻繁的兄弟朋友都會受傷乃壬申所致，甲辰的氣最旺，甲寅和甲子都會受傷，辰遇冬天會受傷，寒冬的氣會讓我受傷，老師建議用奇門遁甲轉移氣，可用乙卯配合時辰選用把壬水、申金合起來，或屋子前栽種一些樹木，來化解壬申帶給甲木之傷害。

　　甲辰是凹陷的體跟兄弟姐妹比較，內心有股委曲感，甲辰到甲子，有豐收的財星，申子辰化水，有一大票的人都入辰庫，從沒有變有。

　　遇壬申狂風暴雨，感覺父母會約束我，牽制我，讓我甲木產生壓力，但到最後壬申會入庫於辰，甲辰將全部的人都收服了，辰庫將長輩、元老、競爭對手都收服了，也代表我會承擔長輩的重擔，家庭的責任，在同業界裡是領導人物，申子辰週遭全部的人，都仰賴著甲辰我，注視的我，這時候的甲木，才是穩健、成熟、內斂、發光發亮，舞台中的靈魂人物，甲辰也創造了很多的財力與價值。

　　父親的車子常常會壞掉，車子代表印星及寅申巳亥，以本命造，父親為辰，車子為壬申，壬申入辰庫，車子常壞掉損財。從甲辰看週遭的兄弟姐妹朋友，甲辰覺得甲寅、甲子不積極，甲寅能力不足我甲辰，甲子又不及我亮眼，所以我甲辰有足夠的能力，三國歸一統，收服失土。

甲的姐妹是乙，辰中的乙木是大妹，寅到辰中間暗藏了卯（寅卯辰一氣），是二妹，大妹的機會比二妹多，人際關係良好，但到了子冬天之氣機會變少了，二妹是寅辰中間的卯，寅機會比較少，但到最後寅、卯、辰會越來越好，機會也變多了，而且卯的旁邊有申官殺之星暗合，代表二妹比大妹先結婚。

日柱甲辰的兄弟在於年柱甲寅，甲寅遇壬申月有損，代表兄弟有人受傷或有暗疾。

（此案例由太乙文化事業許碧月老師筆錄提供）

如何結合八字，
巧妙的讓自己處於長勝之地

　　台灣主會，一位白領階級，接近退休前，所做的反省與檢討，尤其遇上流年辛亥年(60年)，丁亥(96年)，癸巳(102年)，和今年的甲午(103年)，……看他如何結合八字，巧妙的讓自己更上一層樓，處於長勝之地。

傷官	日主	偏官	偏印
丁	甲	庚	壬
卯	寅	戌	辰
劫財	比肩	偏財	偏財

　　乙卯木遇亥是死期，民國60年辛亥年時，這男命20歲走運限到庚戌柱，甲寅是永遠的本命，辛亥套入，辛是甲的官，亥是甲的印星；事業上的官星是一種職位、權利，學生時代的官印相生，表現在考試，成績的優異。亥年寅亥合，水困木屯住的象，亥會讓時柱的卯木受傷，卯是甲的根，陽刃屯住，陽刃是企圖心.執行力，陽刃也可是一把刀，亥讓卯木絆住，甲木屯住，甲、

寅木為了亥，讓我甲重考一年，辰是春天之氣，辛亥年時亥水進入年柱讓辰受傷，房子有變動，長輩會受傷，想法思考容易錯誤、誤判。

以甲寅定位，辛進來，辛是正官，我的同學、兄弟姐妹、朋友是寅、卯、辰，他們的運勢沒有我的好，乃亥合了寅、卯，讓辰壓力重重。

甲寅遇辛亥年，引動了財星，辛為甲之官、亥為甲之印，讀書求學拿到獎學金，寅木合戌，地支辰戌沖，沖出庚壬，戌辰為財星，財星是甲的福利，寅來引動辰、寅來合戌，在這個階段，福利、制度、機會，為我甲寅而設。

甲寅的七殺是庚金，庚金劈甲木，氣不旺，乃庚在戌土上的關係，壬水生甲木，壬在辰水不旺，適合的官印相生，丁提供能量、溫度給甲木，甲木的力量足夠，很有自信，辰到戌的財星，有衰退的象，長輩功成身退，寅遇到卯時能量在增加，事業、金錢、權利一直在提升掌握大權。

去年癸巳年進來時，癸是正印，巳火是食神，食神巳火造就甲寅樹木成長，巳和寅的關係，造成我壓力重重，組織會擴大，所屬的單位、團體，造成我壓力重重，責任增加。巳年引動卯木成長，巳為亮麗、為突顯，為發覺問題之所在，卯為羊刃、為刀，也代表甲的負擔，但一切在自己的掌握當中。

庚金長生在巳，代表癸巳年又是一個新的責任的開始，庚的來源是巳，巳年進來時，庚和癸的關係是官印相生，癸巳年職位會有新的變動，庚遇時柱有卯木，卯木是甲所形成的樹葉，所以代表癸巳會有新職位的變動，造成壓力，但這個壓力是好的，他是有成長在進步，包括升官、薪水都在增加，食傷是新的舞台。

癸巳年進來時，巳產生庚金，庚是官星，巳是新的舞台，把舊有的丁滅掉，巳一直產生能量，有很大發揮空間。癸會滅丁，水火交戰產生辛金，辛是增生物，巳是發覺問題，所以是一個業績不好的單位，丁卯在時柱，部屬的宮位，要注意部屬是否有人會搗蛋，但庚沒有受損，甲木通根於卯，丁是受傷的，丁、壬、甲是很黏密的，癸巳年進入，和卯、寅、辰產生了交集，巳和戌的關係，巳會被戌收藏，甲在戌是舞台，一切是在我可以掌控的範圍。

　　癸巳、甲午年、乙未年，都是不錯的象，到丙申年，就可以退休了，寅到申是一個終止，申會讓甲木有壓力，申進來時，申子辰都落入辰的官位，申是官星，我的想法，都回歸年柱，原本的純真，丙申年到來，就想功成身退，巳到申是甲寅到了休息的階段。申進來有6的象，為其退休金之金額，以丁卯來論時，丙申流年進來時，丙奪丁光，有人會取代位置，我將功成身退。

　　丁酉年進入卯木就受傷，卯是甲的根，在丁酉年時房子最好整修，酉金讓卯木受傷，沖到行限甲木的根，在丁酉年時用房子整修，將整個象化解。丁酉進入有新的收入，合到辰，又落到我先天的庫，酉金能為我所用，丁酉豐收的象，以甲木為體時，丁是食傷，甲木的姐妹，卯木受傷，有人要找我投資，但錢拿出去時，回收回來的比較少，不成正比，宜小心防範。

十神 (六神) 生剋

十神：

比肩、劫財、食神、傷官、偏財、正財、偏官、正官、偏印、正印。共有十個星宿稱之十神，因十神與食神同音，則用六神來簡稱。

六神：

比劫，印星，官殺，財星，食傷與我。簡稱六神。

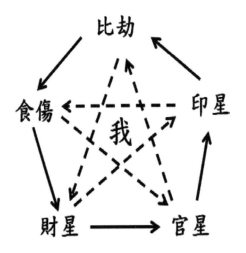

十個星宿

比肩星、劫財星、食神星、傷官星、正財星、偏財星、正官星、七殺星、正印星、偏印星，通常一張八字盤拿來，你在上面就會看到這些星宿的名稱，傳統八字會以這些星宿定吉凶，但我只是把這十個星宿定位瞭解其六親個別特性、脾氣、嗜好、專長，不把星宿定吉凶，這樣看起八字命盤就會感到生動活潑了，這個命盤的個性、特色、周遭的環境、職業、興趣與他的人生過程，出外與人的互動行為模式，你會像在看一個故事、一部電影一樣，在你的眼一幕一幕而過。

十個星宿通常分為五組：「比肩星、劫財星」是跟日主本身相同五行的元素，如日主屬甲木，那甲木為比肩、乙木為劫財，我們背記口訣：同我者為比肩、劫財。

「食神星、傷官星」是由日主所生出的元素，如日主為甲木，那丙火為食神、丁火為傷官。

「正財星、偏財星」是日主所剋的元素，如日主為甲木，那己土為正財、戊土為偏財。

「正官星、七殺星」是剋日主的元素，如日主為甲木，那辛金為正官、丁火為七殺。

「正印星、偏印星」是來生日主的元素，如日主為甲木，那癸水為正印、壬水為偏印。

　　傳統的八字學把十個星宿分為兩種，一種是比較穩定的、講理的、重禮儀、有規矩的：比肩星甲木、食神星丙火、正財星己土、正官星辛金、正印星癸水。一種是比較有主見，有自己想法的、不遵從規範的、沒有安全感、不按照遊戲規則：劫財星乙木、傷官星丁火、偏財戊土星、七殺庚金星、偏印星壬水。

　　在傳統的八字命學裡，大多會把劫財星、傷官星、七殺星、偏印星分類為凶星，比肩星、食神星、正財星、偏財星、正官星、正印星分類為吉星，但本人在推論時，我都會以十天干及十二地支之屬性互動論吉凶，1來快速，2來準確度高，3來學理來源看得到。

　　學習命理就在於掌握住機會，趨吉避凶，創造價值，如果每個人都能掌握自己的機會，趨吉避凶，才能得到自己的成果，展現光輝亮麗的人生，創造無限的價值。

　　八字講的是木的生長過程，所以某一種五行元素過多或過少，就會變成木生長環境的改變，有的在講十天干、十二地支的元素，有的在講十神星宿的優點或缺點，利用這些環境元素，就可以知道這些干、支、星宿在於你的命盤上對應的吉凶事項了。

身強、身弱、喜神、忌神

傳統八字論命時很注重「身強」、「身弱」，以及取喜神、用神、與忌神的，但事實上在同一個八字裡會因為不同的需求會有不同的喜神、用神與忌神，五行的旺度也不是木生火，火就旺，土生金金就旺，金生水水就旺，水生木木就旺，相對的也不是木剋土土就弱了，土剋水水就損，水剋火火就減，火剋金金就衰，金剋木木就死，而是要於大自然植物生態的一種循環，才能論事項吉凶。

　　傳統八字論「身強」指的是天干、地支與日主相同屬性的元素(比肩星、劫財星)或來生你日主元素(正印星、偏印星)超過四個以上，就會使日主本身變旺、變強，尤其月令(月支)跟日主是同屬性或是來生日主的印星，大部分都稱「身強」的命主。例如：甲、乙木元素於春天出生，丙火火元素於夏天出生，戊、己土元素於夏天或於辰、戌、丑、未月出生，庚、辛金元素於秋天出生，壬、癸水元素冬天出生，大部分都稱「身強」的命格。但事實上的「身強」承載力的判斷也不是用此法判斷的，五行的強弱認定與事實差距大。

　　傳統八字論「身弱」指的是天干、地支來剋日主(正官星、七殺星)或日主剋的五行(正財星、偏財星)或日主生的五行(食神星、傷官星)屬性的元素超過四個以上，那會讓日主本身剋洩交加而身弱。

傳統八字論「身強」、「身弱」同一個命造在判斷時會因不同人的自由心證，而有所不同，有時會因不同的時間論斷，而誤差極大，所以用大自然生態的情性論斷準確性極高。

十個天干與十二個地支，當不同日主面對十天干、十二地支這 22 個字，都會有不同的變化，透過自己的印證、觀察、紀錄，可以瞭解自己運勢的盛衰起伏，也可以掌握到自己較細微的事項小事，通常你去找命理諮詢師，他們沒有跟你細論的事情，你可以透過自己學習、慢慢印證、觀察、紀錄的方法去整理了解，不會被騙也能達到日常生活中趨吉避凶的效果。

八字中以日主(出生日干)為主體，對應到生月的星宿(十神)為屬於較強的星宿，其個性較為突顯，再將日主對應其他六個干支的星宿，來看整個命盤裡，什麼星宿最多，那麼此星宿就會影響你個性的起伏，於在天干的，會影響外在表現的個性，較為明現、陽顯，是別人可以感受到的個性展現，是表現於外在；位在地支的，較為隱藏、不容易察覺，通常是自己的家人或較親密的朋友才會瞭解，屬陰。

十神星宿的特性逐一詳細了解

比劫

我若為【己】，比肩為【己】劫財為【戊】為同五行，如兄弟、合夥人是來幫助我的，但也會劫我的財（例如請人來幫忙需要發薪資，合夥人會分到紅利），在人體代表手腳功能，手足之意。

也可代表機器手臂，如塑膠射出，用機器手臂幫忙操作之象。

凡可代替手腳功能的一切，都稱比劫。比劫過多，則透過官星約束，如同學很多需要教官出來管教。

比肩星、劫財星

是一種團聚的力量，連結群眾魅力、同輩助力、借力使力，於人事上代表兄弟、姊妹、朋友、合夥人，也為討債的人。於人力資源上相當重要，也是具備體力、耐力、領導能力。

食傷

我若為【己】，食傷為庚、辛金，食神、傷官為能力才華的表現，屬於自己的成就、能力。學習、學術是得到印星，食神、傷官是成果發表。八字中若無食傷，學習東西後較不會學以致用，有食傷才會轉換。

從我生為食傷的角度，食傷為女命之子女星或是男女命的能力才華表現，食神、傷官是生財的。沒有食傷要製造食傷，就是學一技之長來求財謀生，所以食神、傷官代表自己的舞台、投資。

食神星、傷官星

是一種自我表現的力量，連結創造、發明、魄力、才藝、一技之長，人事為女命的子女，男命的祖母，於生活上是飲食、享樂、口福、情慾，具有表演、模仿的特性，口才表達、廚藝樣樣精通。

財星

我若為【己】，財星代表壬、癸水，財星為金錢、利益，我想佔有的，想要追求的。比劫會剋財星因為比劫會奪我的財，八字中有比劫並有財星，財星則容易耗損，代表容易被劫財，於感情方面也容易受傷，尤其是男命的正財之星遇比肩、劫財。

正財星、偏財星

是一種慾望、佔有的力量，連結錢財、物質享受，於在人事上代表女朋友。有感情的對象、妻、父親。具有享樂，交際、應酬、佔有一切，一切想掌控的人、事、地、物都稱財星。

官星

我若為【己】，官星代表甲、乙木，官為責任、壓力、名份、成就、地位。女命無官星則代表不喜歡被約束，當官星多也代表約束多壓力重，因此女命有一個官星即可，若擁有兩個以上的官為官殺混雜也代表壓力重（想被誰剋無定論），感情不貞或所身負家中的責任也較大。官星多又配合印星，有不可一世的狀況，想要掌權可說是妻奪夫權。

正官星、七殺星

是一種名份、貴氣的力量，連結地位、成就、管理、領導，於人事上代表上司、老闆、女命的老公、男友，男命的子女，於生活上代表、制度、條文、法律、責任、壓力，具有管理、企劃的能力、專長。

印星

我若為【己】，印星為丙、丁火可生比劫，代表長輩如母親，母親生兄弟姐妹（比劫）。印星可代表貴人、長輩、房子、衣服、皮膚、轎車，凡保護我的人、事、地、物都可稱為印星。印星也代表知識和智慧，上課即是在接收老師所釋放的印星，而老師本身是在表現食傷。而我得印星後，當我釋放表現時則是表現食傷（能力才華，一技之長），可藉由食傷生成財星（食傷生財）。

正印星、偏印星

是一種權力的力量，連結學術、文憑、學歷、保護、權威，於人事上代表母親、貴人、長輩、老師，於生活上代表安全、衣服、房子、醫藥、文憑、契約、印鑑，為一種智慧、學習、知識、教育、求知、加持力、執行力，連結仙佛之力量。

以上十神星宿的特性由太乙文化事業，天晴老師與謝天機老師筆錄提供。

十神參照表

主體		對應	1甲	2乙	3丙	4丁	5戊	6己	7庚	8辛	9壬	0癸
朋友	比肩	客戶	1甲	2乙	3丙	4丁	5戊	6己	7庚	8辛	9壬	0癸
朋友	劫財	客戶	2乙	1甲	4丁	3丙	6己	5戊	8辛	7庚	0癸	9壬
能力	食神	部屬	3丙	4丁	5戊	6己	7庚	8辛	9壬	0癸	1甲	2乙
能力	傷官	部屬	4丁	3丙	6己	5戊	8辛	7庚	0癸	9壬	2乙	1甲
金錢	偏財	感情	5戊	6己	7庚	8辛	9壬	0癸	1甲	2乙	3丙	4丁
金錢	正財	感情	6己	5戊	8辛	7庚	0癸	9壬	2乙	1甲	4丁	3丙
事業	七殺	責任	7庚	8辛	9壬	0癸	1甲	2乙	3丙	4丁	5戊	6己
事業	正官	責任	8辛	7庚	0癸	9壬	2乙	1甲	4丁	3丙	6己	5戊
權利	偏印	保護	9壬	0癸	1甲	2乙	3丙	4丁	5戊	6己	7庚	8辛
權利	正印	保護	0癸	9壬	2乙	1甲	4丁	3丙	6己	5戊	8辛	7庚

不同十天干代表的正印、偏印

傳統八字在論十神(偏印、正印、比肩、劫財、食神、傷官、偏財、正財、偏官、正官)時,都會以十神正、偏之字義來解釋吉凶、好壞。但這些事項十種(十神)的組合,與十天干對應十天干或對應十二地支的結果差距相當的大,尤其吉凶、好壞更無法有效掌握,以致於必須用到命宮、胎元、胎息、神煞來作輔助。本書特別將十個不同的天干所代表的不同十神來作詳細的解析,可讓讀者快速掌握十神論斷之精髓。

以自然界的角度來講,生我者為印星,為母親、為長輩、為關愛、為呵護;為契約、為學術、為保護、為我的權力。

有的印會造就我的安逸、穩定成長,讓我得到權利、成長、正面的教導知識、學習、成就,有的印星會造成錯誤的學習,對我的傷害,雖然都是生我的,但為負面的知識、認知,對我有很深的影響力,也如同住到錯誤的陽宅,而造成身體上的疾病;亂用權利,而傷到自己,也傷到週遭的人。這叫世間磁力對應的關係,所現的象是相吸與相斥象,種什麼因,現什麼果,也是我所需,我所能得。

在人的對待關係來說：中國人重男輕女的觀念裡，母親與兒子的對應是關愛、照顧、扶持……母子連心，母親的風範，深遠的影響著兒子。母親與女兒的對應：母與女顯現出比較緊張、較有敵意，尤其上了青春期，媽媽的關愛，常換來女兒的反彈與對立。所以印星媽媽的角色是家庭的重心，是根本，一個家庭圓滿與否，都維繫在母親的手中。

日主甲木遇到癸水正印、壬水偏印

甲木遇到癸水為正印：

　　以男命甲木來講，癸水正印為母親、為學習環境、知識、智慧、學術，也為好的時機、機會，此癸水之正印也為好的票券、契約。

　　甲遇癸正印，有天成之功、水乳交融，癸水蘊育甲木的成長，讓甲木得到關愛，成長茁壯，出類拔萃，突顯貴氣、價值，也代表母親對兒子之呵護，全然之付出，無所求，只要甲木能成為指標性之人物，在多的付出、犧牲都值得。

　　此組水生木的正印是真正得到正印的呵護、關愛，而可讓甲木成長的，甲木得到癸水給予的土地、房宅、好的學習環境、智慧，是一組好的組合。尤其甲日的癸酉時，甲木得印星之福蔭，結成甜美果實。

日主甲木遇到癸水正印、壬水偏印

甲木遇到壬水為偏印：

以母女關係：這個母親造就她思想的偏差，照顧她的行為方式不對，對待關係不融洽，母女相處互相排斥，關係緊張。壬水太多的愛，反使甲木受困，傷及甲木，而不是水生木，是水困木。

甲遇偏印壬水，學習到錯誤的學術、觀念，而鑽牛角尖，無法疏通，水太多甲木的根部受損，會有慢性病，易久病纏身。宜將室內燈光加強，透過火將壬水轉換、蒸發，化解壬水困木之情形，即可改善。

甲午日或甲申日最怕壬申時，因為甲午正亮麗最怕壬申狂風暴雨的摧殘。甲申日遇壬申時，原本申金考驗著甲木，又遇壬申再次的施壓，甲木傷痕累累，所以甲午日的壬申時及甲申日的壬申時，不宜自行創業或不能以文教作為主要的投資，會損失慘重。

日主乙木遇到癸水偏印、壬水正印

乙木遇到壬水為正印：

　　為母與子，這種關係，乙木隨壬水載浮載沉，乙木可適合壬水的環境，像街頭藝人，像戲班人一般，走到那裡停留，表演到那裡，走走停停，天涯海角、四海為家，不管到哪個城市，乙木都不會被打倒，適應環境很強，能入境隨俗，能隨著工作的需要而變動，當然乙木遇壬水的正印，也是代表在壓力當中成長茁壯。乙木遇壬水正印是在外發展之命，能快速得到成就。

　　日主乙木遇壬午時，時壬午有天干壬丁合（94合）之特性，壬丁合遇日主乙木的出現，更造就透過學術的發展，名揚遠播，乙木得到好的人際關係，得到亮麗的舞台。

日主乙木遇到癸水偏印、壬水正印

乙木遇到癸水為偏印：

為母與女，這對母女感情是深厚的，癸水從天而降，讓乙木生機無限，在地生根、在地發展，有優渥的生活環境，但也因癸水從天而降，畢竟機會非永久性的，要抓住這得之不易的機會，努力學習，也要防止乙木遇到寒冬的徹折及壓力。

甲、乙木遇壬、癸水、遇正印或偏印，只要積極行事，產生火的能量，都會有突出的表現，可名利雙收，若不積極者無法有火的能量的產生，這時很容易成為水困木，反而讓木受傷。

所以論斷六神時，不可只拘泥在正、偏，尤其是正官、七殺，並不是「正」一定是好的，「偏」一定是不好，而是要以天干、地支的真正特性互動論之，才能掌握到事項的吉凶、好壞。

日主丙火遇到乙木正印、甲木偏印

論斷人之出生八字是有生命的成長延續，用五行之生剋，要用人在大自然環境生存之道，用四季之對應關係，而非用死木來生火。

丙火遇到乙木為正印：

此組合非乙木生丙火，而是太陽丙火來生乙木；太陽丙火出來造就乙木小花草快速成長。以人事的對待關係來說：丙火對乙木母親，事必躬親，母親交待的每件事，丙火都做的很完美，體貼入微的極盡孝道，母親很有安全感。

丙火捨得拿錢給母親乙木使用，丙火讓乙木快速成長，使乙木可以掌控財星，會將錢存起來，懂得理財，乙木到了功成身退之時，會將資源、財產給丙火，讓丙火可突顯其價值。

日主丙火遇到乙木正印、甲木偏印

丙火遇甲木為偏印：

為母親與女兒之關係，這個女兒丙火讓媽媽甲木疲憊不堪、壓力重重，因這個女兒好表現、愛出頭，因為太亮的太陽讓甲木只長樹葉不長樹幹，也代表媽媽不喜歡女兒打扮太時髦、太亮眼。

建議丙火跟媽媽互動要輕聲細語，用撒嬌的方式，只要有這個動作出來，就會轉換成丁的角色、丁的角度，就會讓甲木媽媽很快樂、自在，可讓丙火的貴人更突顯，得到更多的資源。

所以此組的對待不是得到偏印不好，而是丙火讓甲木代表的一切人、事、地、物有壓力，丙火一直在挑動甲木的極限。

日主丁火遇到甲木正印、乙木偏印

丁火遇到甲木為正印：

以六親的對待為母與子的關係，甲木母親造就丁火兒子的成長，丁火穩定後甲木更是需要丁火；甲木跟丁火的組合是共依共存；甲木會護著丁火，在丁火小時後母親甲木擋風，以致於不讓兒子丁火熄滅；在丁火長大後反而會護衛母親甲木過生活，此為火生木，而非木生火，只有死木才會生火。

傳統學說，甲庚丁的組合，庚金劈甲木引丁火，甲木本身也跟著受傷，代表母親受傷，間接兒子也會受傷，代表成就某一人，就會犧牲某一個人，犧牲甲來成就丁，不是很好的現象。

甲木跟丁火是黏密的組合，如以週遭環境來講，他們是互謀共利，如果以甲丁辛的組合，代表丁火只要對母親孝順，甲木即可結成果實辛，成為丁火之金錢收入。從另一個角度來說，只要敬仰祖先，就可得到無形力量的加持。

日主丁火遇到甲木正印、乙木偏印

丁火遇乙木為偏印：

母女關係，溼木難引丁，母親的教育讓丁火不喜歡，讓丁產生了一些壓力，也因此丁的能量無法讓乙木母親快樂，丁常讓母親乙木擔憂、煩惱，乃乙木喜歡丙火太陽的照射，才能讓乙木成長茁壯。

建議丁火之人，對母親要多些熱情、主動、甜言蜜語，將丁轉變為丙，就能得到好的對應關係，就不會成為丁火傷害乙木了。

日主丁火遇到乙巳時的一切成就，反而是乙巳該柱所屬的人、事、地、物，自食其力發揮成長，而不是來至丁火給予乙木的助力及福蔭，乙木透過自身地支的巳火，不是來至丁火給予的福氣。

日主戊土遇到丁火正印、丙火偏印

戊土遇丁火為正印：

　　以六親的對待為母子的關係，丁火母親會拿私房錢，幫助兒子戊土，丁母親會將能量、溫度留給戊土，此時戊土會成燥土，更容易吸水，更能擁有穩定的金錢收入及理財能力。

　　日主是戊土之人遇癸水老婆，癸水很容易從戊土高山快速流下，與老婆的觀念差距大、很難溝通，一旦吵架，癸水老婆就往娘家跑，戊土要掌控癸水，不好掌控，此時丁火會讓戊土產生能量、溫度，而保住與老婆的關係及留住錢財。

　　從戊土的角度來說，戊遇癸是財、是老婆，戊遇丁是正印，代表學習、求知，所以有好的夫妻互動，要戊土之人懂得學習成長，戊要製造溫度，才能穩固夫妻的關係。

日主戊土遇到丁火正印、丙火偏印

戊土遇丙火為偏印：

以六親的對待為母女的組合，丙火太陽生戊土，媽媽為了這個女兒，日出日落，疲於奔命，勞碌奔波，沒有結果，女兒無法感受到母親給予的愛。

丙火繞著高山戊土運行，象如易經六十四卦火山旅的象，太陽從東邊升起，西邊太陽西下，奔波勞碌，為了發揚自身的理念，四處現身說法，找尋人生舞台，創造自己燦爛的一片天；母親對女兒無怨無悔的付出，由此可想而知。

戊土遇丙火的印星，學習、求知，是東奔西跑，無法在同一個點，也代表戊土本身擁有多處的點及房子，戊土喜歡格局空間大的房宅、土地。

日主己土遇到丙火正印、丁火偏印

己土遇丙火為正印：

　　丙和己是母子關係，丙火來生己土，讓己土產生能量和自信，丙火正印照射己土時，產生了甲乙花草樹木，所以八字中日主己土之人遇丙火太陽印星，己土會想要創造事業，想要無中生有。

　　以己土來講，甲乙木是官星，因母親丙火太陽的一句話，一個觀念，讓我己土想學習，來引動創業的念頭，是一組能無中生有得到母親、長輩關愛的組合，若能配合自身的積極努力，更能成就好的事業。

　　如以疾病的角度來說，己土遇丙火卻是無中生有，增生的象。所以同樣的組合，用在不同的主題(用神)，就會產生不同的吉凶、對待關係，這是本學術與眾不同的精華之處。

日主己土遇到丙火正印、丁火偏印

己土遇丁火為偏印：

丁和己的關係，母與女，丁火高溫極熱，讓己土原本鬆軟的土硬掉了，母女會有口角、對立，我母親照顧妳，女兒反嫌嘮叨、管東管西，如同被火紋身，讓我行動不自由，丁火溫度太高了，讓己土變硬土，沒生機與活力。

以疾病的角度來說：己遇丁，己土的組織易壞死，己代表皮膚、胃腸，己的皮膚有硬塊、長腫瘤，易有胃潰瘍的疾病。宜做定期健康檢查。

化解之道：

可鼓勵母親丁火去學習一些才藝，可轉化丁給己土負面造成的壓力，化解對立、衝突，反而可增加感情，也能成就了女兒的感情、事業。

日主庚金遇到己土正印、戊土偏印

庚金遇到己土為正印：

　　庚為陽金，遇己為陰土，為母子關係，己土母親放手讓庚金自由發揮，去做他想開創的事，母親相信兒子有實力、有魄力，只要不做違法的事，母親永遠當庚的靠山，因庚金可以風行天下、暢行無阻，遠播他方，遇困難迎刃而解、少有障礙，將能力、才華展現，開創亮麗的事業版圖。

　　母親己土會以兒子為榮，有成就感，因為庚金兒子有己土的鼓勵，成就了事業，也因己土有庚金的傳播之氣，而帶動己土的價值與功能。

　　傳統五行會以土生金來論相生，但事實上土生金卻讓金沒有感覺，因為土要生金蘊育金礦物質，必須要經過很長的時間，所以此組合是母親給兒子空間，讓兒子自在發揮專長能力。

日主庚金遇到己土正印、戊土偏印

庚金遇戊土為偏印：

庚金為陽，遇戊土也為陽，陽對陽此六親的關係是母女關係，這種組合會讓女兒覺得綁手綁腳，無法獲得自由。女兒嫌媽媽對哥哥比較好，女兒不容易滿足，庚金會抱怨母親，女兒跟媽媽觀念永遠是對立的，有意見的，因戊為高山之土，庚金想風行天下，暢行無阻，卻因戊土母親的阻礙而難以表現。所以戊土無法生庚金，而是戊土阻礙了庚金。

在十天干六親對待的印星裡，抱怨的永遠是女兒，不是兒子，而且是有很多的意見與衝突。從學習的印星角度來說，所有的偏印都是來自於自在的學習，可有可無的學習方式，沒有壓力的學習。

日主辛金遇到戊土正印、己土偏印

辛金遇戊土為正印：

　　母子關係，戊土跟辛金產生能源和穩固性，辛金沒有戊土遇庚很容易不見，因為戊土可以讓辛金產生自信，如果旁邊有配置火的能量更好，若沒有火而遇戊土，很容易享福揮霍變懶惰，讓辛金密雲不雨，所以辛金成也戊，敗也在戊，好壞端看局中之組合。

　　若辛未日的人沒有遇戊，辛金是壓力很大的。辛未旁邊一定有子、未六害，辛金從未土產生，未土為何產生辛金，因為未土旁邊有子水，所以辛金是陰的氣，也為珠寶金、甜美的果實。

　　辛為兌、為澤，未為坤為地，稱澤地萃：死去的士兵依附在草地裡，辛未出生的人，晚上睡覺常常夢到前世或過往的人，應常常禮佛拜神，來解除這種象。辛金也要常學習新的專業，才能永保有一定的水準，乃辛的學習是戊、己土。

日主辛金遇到戊土正印、己土偏印

辛金遇己土為偏印：

　　母女關係，己土生辛金比較難，女兒會覺得母親不是那麼疼愛我，平地要生金需要經過好幾百年，甚至好幾千年，才能蘊育己土有寶藏的形成，所以母親對子女的好，要用引導的方式，敘述表達實質的過程，子女才能感受到，己土生辛金，沒有感覺，也是一種不容易存在的象。

　　辛金與己土的關係，也可比喻為重新播種，代表母親給予的觀念都是新的。己土在冬季之時，辛金較難以發揮作用，己土在春夏時，辛金能破土而出，也能成為甜美果實。

日主壬水遇到辛金正印、庚金偏印

壬水遇到辛金為正印：

　　母與子的關係，辛金珠寶金必須透過壬水的洗滌，才會更亮麗，光彩奪目，壬水的流動，循環時，會撞擊出一些辛金，辛金和壬的關係是共依共存，母子感情不錯，八字壬水的人遇到辛金，母子連心，可以吐露心事，母親辛金也因為有了兒子，而心滿意足，也因這個兒子產生了成就感，因辛金的突顯要透過壬水或丙火太陽的能量。

　　壬水之人主動積極，為開創之星，創意不斷，也提供辛許多鬼點子，辛金經過壬水，將珠寶洗滌，創造了好緣份、好價值。

　　壬水出生日遇辛金之印星是一種循環的表現，好壞端看壬水的努力，壬水有多少的氣，就能擁有多少的福份及智慧。

日主壬水遇到辛金正印、庚金偏印

壬水遇庚金為偏印：

壬水為陽水，遇庚金為陽金，以六親來說是母與女的關係，庚金比較急躁，壬水也急躁，兩個人在一起，波濤洶湧，庚金和壬水的關係如同是血流成河，庚金遇水者止，將軍作戰成功，但風雲變色、血流成河，必須付出很多體力和時間完成目標和任務。此組的成功來至於勞動的付出，無法輕鬆，但付出是有收穫的。

於六親關係是媽媽跟女兒很難溝通，有言語上的衝突，也代表女兒會因為母親的教育方式，有很大的不滿和情緒表現。

於居家環境代表旁邊有大空地，或風很大，下班回到家中很難靜下來休息放鬆，是一個常將工作帶回家的人。

日主癸水遇到庚金正印、辛金偏印

癸水遇到庚金為正印：

　　癸水為陰，遇庚金為陽，於六親是母子關係，媽媽因為有這個兒子，心滿意足，有無限的成就，庚金為風、為行動力、魄力，比較勞碌，但生了這個兒子後，庚就不再那麼勞碌，可以享清福，因為癸水會表現他的能力和才華，讓媽媽欣慰，可以功成而退。

　　庚金可以帶動癸雨水，讓雨水從天而降，展現母親對兒子的母愛及呵護。癸水遇到庚金的正印，能化煞為權，因庚的肅殺之氣遇癸水者止，也代表能住到對的房子、製造安逸、穩定，成就權貴。

　　癸水遇庚金印星的學習，是得到好的學術，能透過此專業知識來得到名氣權利。

日主癸水遇到庚金正印、辛金偏印

癸水遇辛金為偏印：

　　癸水為陰水，遇辛金也為陰，陰水遇陰金來生，有極度陰煞之氣，於居家環境易濕氣過重，牆壁易長壁癌，可透過燈光化解室內的濕氣，也可用電風扇吹氣化解。

　　於六親的對待是母女關係，母女會惡言相向，語言態度相互傷害，口不擇言，毒性加強，言語尖銳、刺耳，母親不一定對我有助力，印星也代表房子，也可表示買錯房子或住錯房子。印星也代表知識、學習，學習到錯誤的知識，產生思想偏差。

　　癸未日，癸水於燥土，辛苦有責任感，地支要有寅、丑、子才能付出有所收穫，要不然一切只是子虛烏有。

　　所有十天干遇到不同十天干的印星，不以正印、偏印論特性，而是以十天干的特性來應用論斷，而非以正印、偏印論吉凶。

以上正印、偏印由太乙文化事業許碧月老師筆錄提供

以學習心態來定位十種不同天干的印星

用神代表為追求事項的一個主體,當面對不同的追求就產生了不同的事項吉凶,任何事物皆同,財、官、印、比、食亦同,不會脫離軌道,可安心使用。

印星代表保護,也對我有加分或減分的情性,印星也是學習,這個學習對我有幫助還是沒有助力,學成後用與不用,要以自然界的法則來論,不是正印就好,偏印就不好,正印是不得不接受、不得不學習的環境,偏印是可有可無的學習,較輕鬆自在的心境,也代表非正規的教育、學習。

以下的十天干就是本身代表印星的屬性,如甲代表印星,那麼出生日就是丙或丁,以此類推。

甲:學習雖為緩慢,但一直在成長、進步當中,可成為大家啟發的對象,雖無法立竿見影,卻能得到成就的表現。

乙:學習快速,領悟性強,但常半突而廢,但看到同儕的學習成果後,才又積極努力學習。此乃乙木不過冬,又喜歡群眾之特性。

丙:喜歡學習與眾不同的東西、科系類別，來突顯自身的實力與學習的成果，為了學習求知，東奔西跑，尋求名師。

丁:學習在意老師的學術、實力、內容，不在意老師的外在、表達口語，講究學習的效率、方法及是否能學以致用。

戊:喜歡在固定環境下學習，很相信老師的專業，喜歡神秘、療癒之學術，希望學習後能有效的發揮及傳承，能脫穎而出，也很會整理筆記。

己:喜歡廣泛的知識、眾人皆知廣為應用的學術，較不認同個人獨自發明還未公開的學術，及沒經過臨床的學術。

庚:無論學習什麼，在意老師的舞台魅力表現及知名度，是學習首選，學習之後要能馬上學以致用、發揮展現。

辛:喜歡學習帶有神秘感，讓人不瞭解的學術，喜歡用秘密、隱藏、不公開的方式，達到學習的成果，突顯其價值。

壬：在意學術的基礎、來源，要有理論的依據，而不是憑空想像，也想將學習後的結果，一直傳承下去，代代相傳，淵遠流長。

癸：學習會用自己的方式來做筆記，希望學習後能擴大撒網，見證學習後的成果，也希望此成果是利益眾生的，而不是獨自擁有。

案例解析

我能學習此學術嗎？並能好好應用嗎？

　　此案例為終身班第五期上課中，來了一位高雄讀者，當下用此時辰起時空卦，解答其問題，並論其經歷、事項、居家之擺設及心態。

正印	比肩	日主	偏官	偏財
癸	甲	甲	庚	戊
巳	寅	子	午	寅
食神	比肩	正印	傷官	比肩

　　甲的印星（學習、知識）為子、癸，其實您早就會了，今天是好奇（地支巳、午食傷之星）來瞭解什麼叫「八字時空洩天機」而已，因為地支的子水印星可說是天干的癸水印星的影子，而癸水進入到地支子水，代表今天是將所學做隱藏，子水印星生甲寅之寅及戊寅之寅，代表印星有在複製而有教學傳承之意。而且是位收費較高的人，想賺大筆錢比較不想賺小筆錢財，因時空卦裡無己土財星或未土財星而出現戊土財星，也代表賺錢會定下自己的目標。

子水為甲木的印星，代表我學習的地方（子水也能代表魚缸），因子午沖代表書桌放錯位子，即是代表學習的地方子午沖，可論為書桌擺放錯誤或辦公桌放錯地方。子水印星學習之星產生子午沖，當然也代表今天來學習的意願不高。此外，午中的己為甲之正財可論為甲之老婆，而午與子產生子午沖，代表與老婆間觀念有落差，或我與老婆年紀有落差，因我的財星被沖代表財星出現問題。甲子與甲寅可論在外之人際關係，甲子與甲寅代表人際關係是不錯的。

子午沖也能代表胃腸是有問題的，主臥室床鋪擺設也有錯誤。當然也代表要來之前忐忑不安的心情。

至於是否能學會此學術，甲木遇到分柱戊寅，代表甲木在戊土上成長茁壯後並往土裡紮根，代表可以學以致用並成為指標性人物（甲）。甲木到分柱戊寅是表示這棵木是在成長的，而且甲木的根是可以往年柱方向蔓延，代表新學的學術是可以和之前所學的學術作串連，甲木會往水及火的地方串連生長，而且地支並無傷木的元素申金，代表之前所學的學術基礎相當穩固的，而目前想瞭解的太乙「八字時空」之學術是處於子午沖之狀態。時柱若是戊申代表甲木就不是在成長，甲木遇戊申代表成長是受限的，因為甲木要紮根卻遇申金劈斷，代表以前所學的無法學以致用。

月柱甲寅代表其師兄弟，其甲寅的旁邊為子，代表其師兄弟用命理、八字、斗數為人服務，而本身甲子產生子午沖，本身是以八卦為主。

午會驅動庚去劈甲木，代表曾經被中傷(庚金劈甲木)，但因為有戊土所以不會散佈得太嚴重，而且午為甲的食神傷官，代表能力才華表現亮眼，可解釋為因為才華表現好，而引起他人不滿眼紅。午火食神、傷官也代表自己學習，放棄了子水印星老師的教導，而成就午火傷官自我學習。子午沖，從未知變成已知，有卜卦、占驗的象，因此是可以學成的，並能透過學術得到財星，只是目前子午沖，目前八字時空卦，子水印星的學術理論基礎不夠落實，學術涵養不足。

(此案例由天晴老師與謝天機老師筆錄提供)

不同十天干代表的比肩、劫財

同我者為比肩、劫財，同五行陰陽為比肩，同五行不同陰陽為劫財，比肩既代表我熟悉的人、事、地、物，及與我相同的五行、相同的陰陽、相同的情性。比如說：瞭解我的朋友，我常去的地方，我常找的朋友，我熟悉的朋友、客戶，我常使用的器具、我熟悉的技巧，都可稱為比肩，與我喜好相同的朋友，所以因瞭解我，與我追求相同，所以比肩所劫的財會比真正十神的劫財更大、更多。

比肩也屬志同道合的朋友、競爭對手，其實力相當，競爭較為激烈，屬公平競爭，名正言順、公開的競爭方式。

劫財為五行相同但不同陰陽，因不瞭解對方、不瞭解人、事、地、物，比如說：不瞭解我的朋友、我不常去的地方、我不常找的朋友、我不常使用的器具、我不熟悉的技巧，都可稱劫財。與我不同喜好的朋友，因不瞭解我與我追求不同，所以劫財反而所劫的財會比比肩還少。

　　劫財屬志不同、道不合的朋友，不瞭解我的敵人、對手，其實力也不相當，屬不公平的競爭、沒有公開的競爭方式，所以競爭較為不激烈，也因防衛心較強，所以損失較少。

比肩、劫財之對照表：

	甲	乙	丙	丁	戊	己	庚	辛	壬	癸
比肩	甲	乙	丙	丁	戊	己	庚	辛	壬	癸
劫財	乙	甲	丁	丙	己	戊	辛	庚	癸	壬

出生日干為甲木者：

甲木為十天干之首，擁有指標、注目、引領、首席、呵護、不變、被動、付出、奉獻的精神、特質、心性。

甲木喜歡任何有挑戰性之人、事、物，任何有難度的東西在甲木眼中都是值得去征服擄獲的目標。

甲木擁有穩健良好的人際關係與人脈，個性老練成熟，是經歲月累積而成，擁有比一般人更好的體力與耐力，且具備了領導統禦的氣質，天生就是一個指標性的人物，相當適合當老闆的格局，甲木知道在什麼樣的時機與地點安排什麼樣的人事物，如何讓事情全盤收在自己的手中一一安排，以及如何善用發揮部屬的能力與自身的舞台魅力。

甲木之人勇於解決困難，一個生活中或事業上的問題來到甲木面前，甲木他不逃也不躲，穩扎穩打，不疾不徐地一一破解。為了自己認同的事情、自己的親友與家人，甲木不會吝惜任何的犧牲與奉獻，在家中喜歡一肩挑起照顧弟妹的責任。在人生的舞台中，甲木就是在舞台背後操控全場的靈魂人物，是一個優秀的導演，知道台上台下的人事物如何善用並結合成一體，使每一次的表演可達到圓滿而無憾。

甲木之人無論在任何地方，舉手投足間經常流露出迷人的風采，在人群中總是鶴立雞群，這就是甲木所散發出來的領袖魅力。

日主甲木遇到甲木比肩、乙木劫財

甲木遇甲木為比肩：

甲木為高大的樹木，指標性人物，也為老闆的格局，兩甲木的共同性，是透過事業的表現，良性競爭來表現自身的成就，讓自身能脫穎而出，將對手敵人襲倒，當然兩人互動之話題也都圍繞事業、經營的方法。甲木遇甲木，兩強之相爭，若能化敵為友，能快速將事業版圖擴展，製造更強大的事業體系，才能成為業界可敬的對手。

日主甲木之人的財產大多是公開、透明的，因為甲木成長於土上，看得到土的多寡，甲木以土為財，所以財產被攤在陽光之下被人檢示。

甲遇甲：

木旺則土旺容易得財，兩人會討論事業或賺錢的主題，較不談論瑣碎小事。兩人皆為甲木因此互動方式較為呆板。

日主甲木遇到甲木比肩、乙木劫財

甲木遇乙木為劫財：

　　乙木為藤蔓、小花草，往四周攀爬，乙木遇日主甲木，乙木遇到了甲木這位有成就、才華的貴人，甲木提攜了乙木，讓乙木得到目標，能扶搖直上，甲木是乙木的貴人，那麼乙木就成為甲木的牽絆、負擔，成為甲木的小人，劫了甲木的財、劫了甲木的養份、水份、陽光，而得到成長，當然這也代表甲木一直在成長，才能有辦法提供這麼多的資源給乙木樹葉成長，甲木付出愛，造就乙木的成長茁壯。

甲遇乙：

　　甲遇乙也代表甲也在成長，所以互動方式較活潑，乙吸取甲的養分也代表乙劫甲的財，相對的也代表甲是具有相當的能力。

出生日天干為乙木者：

乙木為十天干排序之2，擁有柔性、盤結、凝聚、謹慎、主動、獲得、被包容、觀察、計劃、福蔭的特質、心性。

乙木之人行事做風保守、天生善解人意，他們生性溫和，不像甲木喜歡正面挑戰的作風，乙木最擅長於使用槓桿原理似地借力使力往上攀來求取自己的進步，懂得攀附有權貴之人，會暗中察言觀色，知道如何適當地與各種人來往。遇到困難擁有強大的自我調適能力與靈活度。

乙木屬枝葉、小花草，有速成、快速之特性，但就是過不了冬天，遇寒氣重時，很容易受傷，所以必須像寄生植物一樣緊攀著指標性的甲木樹幹往上爬，才能鞏固自己的權利，得到更多的人脈。

乙木之人天生在謀略上的手腕高超，他們在運用策略時是如此自然，這就是他們生存的方式。他們不會很搶眼，懂得在暗中該如何讓組織去動，也很清楚要團結人脈必須靠經營。擁有精準的眼光，很快就嗅得出流行性的商機，瞬間看到流行的趨勢，看準了市場，搶進短期性的資金，然後調整策略，再將資金挪至其它的目標，重新再出發。

日主乙木遇到甲木劫財、乙木比肩

乙木遇甲木為劫財：

　　乙木為藤蔓、樹葉、小花草，甲木為指標性人物，甲木造就能量、養份、水份，讓乙木劫了甲木的財，讓乙木有目標，往上攀爬，而造就成功與擴展人脈、人際關係，人脈即是錢脈。當然乙木遇甲木，也可代表乙木的小花草已長大成為甲木的大樹，得到貴人、財利、事業成就。

　　甲、乙木日主遇到甲、乙木及寅、卯木的比肩、劫財越旺盛，也代表財利越旺，因為木旺土一定旺，藉由人際、人脈而擴展得到財利。

乙遇甲：

　　乙遇到甲可以得到甲所釋放的能量，乙具有福份遇到貴人，也代表乙劫甲的財。

日主乙木遇到甲木劫財、乙木比肩

乙木遇到乙木為比肩：

　　乙木與乙木之相處，必須融入團體，才能得到成就，共同相扶持，開創美麗佳園，因為乙木遇乙木比劫如同花草快速繁衍，乙木如果脫離了群體，就很容易受傷，三個臭皮匠，勝過一個諸葛亮，乙木天生為智多星，透過團體生活，就能突顯乙木的才華及成就。

　　乙木遇乙木有速成之功，少年得志，成就事業、財利，但乙木不過冬，遇寒冬乙木就會受傷、凋零，所以要將財星轉為保險或房產、土地、田宅，才能保有不敗之地。

乙遇乙：

　　在意人際關係，互動方式較黏密，屬暗，私底下較勁，屬不公開的競爭。

＊損財的比較：

甲遇甲： 做事透明化，甲長得較高大容易見土，做生意賺賠較明顯易見，損財較不嚴重。

甲遇乙： 乙木長得快並且會覆蓋住土，因此做事較不透明，暗地較勁引弊端，損財嚴重。

出生日天干為丙火者：

丙火為十天干排序之3，擁有亮眼、魅力、活耀、主宰、大愛、盲目、付出、奉獻、主動、快速、唯一的特質、心性。

丙火之人天生魅力四射，走到哪裡都是閃閃發光的引人注目。因為喜歡美的事物，也很會打扮自己，對於週遭的人事地物非常地熱情、充滿感性，凡事主動積極且好客，喜愛結識各種新鮮的人事地物，也是躁動的，喜歡幫助他人，經常散發出一股熱情的能量，這股能量能夠感染所有周遭的人，所以他的一舉一動就是這麼引人注意，如閃亮的政治明星、當紅的偶像團體…等，當然丙火也代表著魅力與活耀。想法樂天知命，即使面前出現了阻礙，也能樂觀地面對挑戰，甚至能夠把阻力化為助力的搶眼人物。

太陽丙火之人非常適合從事公益活動，關懷弱者，這能夠讓他們溫暖的陽光照耀到每一個需要的角落。有了丙火的太陽能量，人們才不致於陷入長久的憂鬱，面對無盡的晦暗。有火光就有了希望，光可以幫助我們看清楚未來，不再渾渾噩噩像無頭蒼蠅般的過日子，八字中有火的人也較不受外在的牽制，經常不按理出牌。火是五行裏最寶貴且直接的能源、能量。

　　丙火有大愛、付出、奉獻的精神，就是這股熱情很容易招惹一些不必要的桃花，有時也因為太過有自信而盲目引來煩雜之事，不可不小心。

日主丙火遇丙火比肩、丁火劫財

丙火太陽遇丙火太陽比肩：

兩強相爭，誰也不讓誰，實力相等，互不退讓，丙遇丙的競爭是君子之爭，眾人所知、公開化、明朗化，知己知彼，丙遇丙應該要化敵為友，共同攜手開創新的事業版圖，才能得到更多的金錢（庚金）與名望。

丙遇丙火此種組合最怕旁邊出現辛金，誰的旁邊出現辛金，即代表誰是輸家，而且是名聲受損，因為辛金的雲霧、感情、金錢、利益會讓丙火太陽受到蒙蔽，但如果出現庚金，是代表身旁多了一位得力助手，開疆闢土。

辛金即是財、感情、女人、感情，會因金錢或感情或女人而毀於一旦，當然丙火遇辛金，只要丙火自身珍惜自己的羽毛，保有名望之氣，出現官星能自我約束，就能因為金錢、感情、女人名利雙收而成就事業體。

丙遇丙：

兩個丙在一起會比較誰較出名，互動臭屁，但會攤在陽光下，丙也較無秘密。

日主丙火遇丙火比肩、丁火劫財

丙火太陽遇丁火為劫財：

　　丙火到丁是代表太陽運行的過程，從日出寅時而作，一直運行到丁，為能量一直在加強，代表按部就班在努力著，一直在進步當中，也代表一直在付出、給予，而得到無限的成就與喜悅，由外在的表現(丙)付出，到內心(丁)的感受及成就，擁有了金錢、物質(庚、辛兩氣)、名望。

　　此組合即代表施與受的感觸：施予付出時，是得到成長、是喜悅的，因而累積了自己的實力與能量，而受惠的人當下是得到快樂與佔有，但這一切只是短暫性而以，因為能施予付出的人，代表您自己有能量、有能源、有才能，才可以施予，而且您的能力是一直在累積進步當中，但受惠後，也因此進入了障礙而失去功能性。

丙遇丁：

　　代表丙的能量在提升，丁劫丙的財，也代表丙是有實力的。當丙的溫度越高代表賺錢的機會越多，丙溫度高庚和辛會越旺，產生的財越多，雖然火旺也較辛苦，但也會賺取錢財。

出生日天干為丁火者：

丁火為十天干排序之4，擁有魅力、能量、溫度、悶燒、瞬間、小心、熱情、付出、對待關係、察顏觀色、沒安全感、火爆的特質、心性。

丁火之人天生對週遭環境持有非常細膩的敏銳性與變化度，也因為如此敏感，只要有一點風吹草動就經常造成他們極度的不安全感。不過丁火具備一般人沒有的張力與耐力，抗壓性頗強。喜歡將自己隱藏在都市裡，過著平凡的朝九晚五上班族的生活方式，在現代他們更像是科技園區的上班族，這樣的丁火因此有了較不為人知的一面，而他們會將內心的各種感受轉化為可用的力量，更進一步由此轉化成優秀的工作效率，另外丁火也會是一位菁英級的主管，主上司、老闆心目中最佳的合作夥伴。

丁火之人，遇到會發生強烈情緒反應的事情，經常變得口無遮攔，這點要非常小心，畢竟禍從口出，宜自我提醒改善。丁火之人也很容易碰到祖靈與香火牌位的問題，建議每隔幾年，要檢視祖墳或香火牌位，祖先忌日時要虔誠的祭祀禮拜，讓祖先在另一個無形的空間魂魄得以安寧，可保佑平安順利。

日主丁火遇丙火劫財、丁火比肩

丁火遇丙火太陽為劫財：

丁是能量、磁場、溫度，丙火太陽光鮮亮麗、主動、熱情，丙火搶走了丁火的光彩，於人事的對待，丁能力、溫度高於丙，用實力來展現，也只有接近丁的人，才能知道丁的溫度有多高、能力有多強，但丙火是光鮮亮麗，魅力四射，不用靠近，即可知曉，所以丙火朋友奪走丁火之光芒，稱之丙奪丁光，此組合代表丁的能力不容易被發現，而失去了機會、舞台。

所以丁火的人，與朋友之間不要有金錢的往來借貸關係，很容易出現問題的，也代表與朋友丙火參與有競爭性的事項時，機會很容易被丙火奪，所以一切以守成為主。

丁遇丁：

溫度高且無安全感，丁可付出自身能量於甲或寅藉此降低溫度來擁有安全感。

日主丁火遇丙火劫財、丁火比肩

丁火遇丁火為比肩：

丁為能量、磁場，也為香火傳承，丁火是太陽丙火所留下的溫度，溫度比太陽丙火還要高，兩者高溫的對待會讓週遭的氧氣變少了，使週遭的氣勢一直在退化中，無法再進步，雖然是比肩朋友，卻不知相輔相成，而失去了機會、舞台。

丁火與丁火的比肩如能化敵為友，彼此懂得相知相惜，反而兩丁是帶來更多的能量、磁場、機會、舞台。若能再敬仰長輩、祖先(丁的長輩、祖先為甲木)，懂得慎終追遠，那無形的能量、香火，更是帶來無限的助力與生機，創造更豐收的利潤。

丁遇丙：

丙奪丁光，丙會搶走丁的風采。

出生日為丙者：家中明堂要寬，亮麗才賺得多。
出生日為丁者：明堂不要太大(丙奪丁光)，簡單即可，
氣口可小一點。

出生日天干為戊土者:

戊土為十天干排序5，擁有安逸、穩重、不變、指標、注目、被動、能源、付出、健忘，開銷大的特質、心性，也代表願意將機會分享的人。

戊土之人思想是難以探入的深沉，平時是沈默寡言的，喜歡自己一個人獨處，與人之間的互動幾乎完全處於被動的立場。在職場上喜歡與精明幹練的甲木共事，將會達到非常良好的工作成效，配合度很高也重效率，與同事間合作無間。

戊土喜愛日出而作，日落而息的生活方式。下班後會盡情享受休閒生活，懂得犒賞自己，工作與生活分得很清楚，私底下的戊土仍是不喜歡被他人打擾的，喜歡與大自然為伍，用心體會四季的變化，享受獨自一人的寧靜生活。

戊土之人愛恨分明，不善在人際關係上做些變通，因此容易為了人際關係的事情遇到挫折。這時只有甲木才能夠改變戊土的思考方式，甲木除了八字中的出生日天干之外，當然也代表老闆或指標性的人、事、地、物如果能夠有機會去學習，才不至於密雲不雨，並懂得創造凝聚向心力與共識，創造出生命的榮景，更可發揮出潛在驚人的力量。

日主戊土遇戊土比肩、己土劫財

戊土遇戊土高山為比肩朋友之氣：

高山與高山易聚集眾多的雲霧辛金，當遇到太陽、溫度、能量時，即化為水，水是戊土高山之財，戊土因戊土與朋友良好的互動而得到財，所以戊土高山遇戊土高山的比肩是得財，而非失財，是產生水資源財利，但因高山難聚水，因而水是快速從山溝流往平地流下，財來財去。

所以戊土的人，唯有增加戊土的溫度、能量，才能有效的吸住水、留住財，即要加強火的能量，此火的能量就是戊土的印星，印星除了代表房子、貴人之外就是專業知識、學習新知，就能保住財星，懂得理財了。

戊遇戊：

兩個戊可代表有豐富的水資源(印鈔機)，並且有辛可棲息，而辰又是兩個戊之間所形成的水庫，但財卻是為他人所用，因高山難蓄水而吸的水份有限，因此很會告訴他人賺錢的機會，而自身卻是損財，必須透過購買土地或房子來得財。

日主戊土遇戊土比肩、己土劫財

戊土為高山遇己土平原為劫財：

此組合就是真正的劫財，是己土來劫戊土高山的財，但如自身是己遇戊，是我己土劫戊土高山的財，戊土之水往己土流。

高山之土戊會聚集雲霧辛金，當辛金遇到白天太陽丙火來時，即產生了水，此水就是戊的財，所以戊土能產生水資源，但此財是由高山快速往己土低陷之地流，己土得到水財星，戊土失了財，所以戊土高山製造了財利、機會，讓己土不勞而獲，也代表戊土之人，會為公司創造很多的財源及機會，也讓同事得到功勞，但自己卻無法得到讚賞。

戊遇己：

戊會製造水資源給己，山地剝之象。

出生日天干為己土者：

己土為十天干排序6，擁有機會、福蔭、穩健、被動、懶散、人脈、柔性、謙卑、觀察、好客的特質、心性。

己土之人平易近人，即使坐在上位也不會有老闆、主管的架子。缺點是不懂得拒絕別人，是百分之百的爛好人。

己土的內在世界是多彩多姿的，喜歡利用閒暇時間學習才藝來充實自己的內在，明瞭未來人生的去向，清楚世界局勢並懂得累積自己的資源與能量。在周圍有必要時能夠釋放出良好的能量與磁場，在工作上則能給予團隊新鮮的點子，若在工作上遇到甲、乙木，更可因為己土的存在來成就他們。

己土之人從外表到內心都非常客氣，舉手投足充滿了有教養的氣質，不過想休息時也會徹底放鬆，到外地旅遊，增廣見聞。己土擅長無中生有，憑著內心的一股衝動、熱情，可以進行創業、鞏固事業版圖，而這讓己土能無中生有的力量，來自於平時努力不懈的學習，那就是丙火太陽印星之能量，使得己土能得到更多的自信、踏實與財源。

日主己土遇戊土劫財、己土比肩

己土遇戊土高山劫財：

　　己土為平原之土，戊土高山聚集了雲霧辛金、水流，往己土平地流下，戊、己土以水為財星，是己土劫了戊土的財，己土不勞而獲得到了戊土流下的水，代表己土之人很容易得到異性的協助而得到機會及金錢，戊土雖為己土之劫財，但卻製造了機會、物質、財利給己土，戊土心甘情願的為己土付出，所以己土為最後受益者。

　　於十神的論斷對應關係來，不要用字義來作為吉凶的判斷，要用十天干的對應關係，參考十神的人、事、地、物應用。此組合己遇戊雖然是劫財，但卻是己劫了戊土的財。

己遇戊：

　　己劫戊的財，己旁有戊表示有福氣，地山謙之象。

日主己土遇戊土劫財、己土比肩

己土遇己土為比肩：

己土為平原、良田之土，此比肩己土遇己土成為廣大的平原之地，如無甲乙木官星事業，就會成為荒廢的土地，沒有庚金執行力、去故革新，也無法開創、突破。

己土遇丙火印星，就能無中生有製造甲、乙木官星的出現，所以此組合代表只要透過學習、文書、契約，學習專業知識，就能得到成就，有了文書、契約就能保護自身的權利，但己土遇己土也必須要比朋友、同事更謙虛、更謙卑，土自然較低陷，就可比同事、朋友更能得到機會及財利了

己遇己：

兩己會引動壬水，帶有壬的情性，所以有兩者爭財的情形，八字中有兩個己雖然無水，但也會呈現出與他人爭財星的情形，而且己和壬是共親共比，水地比之象。

出生日天干為庚金者：

庚金為十天干排序之7，擁有陽剛、主動、積極、機智、執行、魄力、衝動、殺無赦、耳根軟、心軟、群眾魅力、喜新厭舊的特質、心性。

庚金為將軍之格局，具有大刀闊斧改革的能力與氣魄。職業上如果在金融界將可一展長才。受到重用時，更可將事業版圖拓展到另一個層面，知道在現代這個科技時代，腦袋裡裝的智慧比起肉體勞動更為有用，所以會專注投入並一路朝著自己所選定的目標前進，擁有像龍捲風一樣秋風掃落葉的過人本領，一旦坐上適合的職位，將可風行天下，創造未來。

庚金之人喜歡追求目標，對庚金來說不斷地找尋獵物是種樂趣也是本能，要就來大的，不要就走人。雖然庚金的行事充滿魄力，但伴隨而來的缺點就是經常欠思考，如果能遇到乙木來動之以情，將有機會改變個性。此代表庚金之人怕遇到第三戀情，容易因感情、金錢改變原有的魅力。

庚金在事業上雖非常強勢地到處衝鋒陷陣，回到家中面對老婆卻是溫柔體貼而且會乖乖聽從老婆的建議的好老公。而女命的庚金出生日，是喜歡老公的甜言蜜語的呵護，而不是用愛來關懷，用愛反而讓女命更加躁動，無法得到放鬆，這就是庚金在不同的男命與女命時，最大的區別。

日主庚金遇辛金劫財、庚金比肩

庚金遇辛金為劫財：

　　辛金為雲霧，庚金強風讓辛的雲霧無法存在、氣勢凌人，如同庚金聲勢浩大，讓辛金節節退敗，無法突顯出辛金自身的能力。

　　如以兄弟姊妹的對待關係，庚金為兄、辛金為妹，兄長的作風無法讓辛金妹認同，而無法再有好的兄妹互動之關係。於個性心性之論斷，是由一個積極主動的人，變成一個求安逸，與世無爭，講究心身靈之修行者。如以物質價值性來說，那就是由粗鐵變成黃金的最佳之典範。

庚遇庚：

　　兩人不把錢當錢看，庚將木連根拔起，花錢爽快且損財，兩庚為雙颱，有亂投資損財的象。

日主庚金遇辛金劫財、庚金比肩

庚金遇庚金為比肩：

比肩即為同性別之兄弟、姊妹、朋友、客戶，也為同實力的、同屬性的競爭對手，庚金之氣勢積極主動、有魄力，庚金遇庚金，形成兩強之相爭，互不退讓，兩股強大的氣流、漩渦，卻造成錢財的損失，強風將甲、乙木的財星連根拔起，財物盡失，也造成第三者金錢的失去。

庚金遇庚金此組比肩的組合，如果能謙卑行事，英雄惜英雄，那即能快速形成一股強大的氣勢，即是業界最可敬的對手，無人可擋，如同企業合併，責任分工，更壯大其氣勢格局，但如兩強敵對相爭，即化為烏有，損失慘重。

庚遇辛：

由剛轉柔，產生水資源，當庚後面有辛代表可輾轉出現水資源。

出生日天干為辛金者:

辛金為十天干排序之8,擁有陰柔、被動、安逸、享福、魅力、直覺、協調、溝通、迷惑、徘徊、拘泥、固執的特質、心性。

辛金之人的整個外表與舉手投足都充滿了貴氣,在性格上沒遇到水火時是缺乏行動力的、重視心中的感覺、愛幻想但實行力道不足,經常會像一團雲霧似地整團卡在原地。

老是把自己困在自己的想法中的辛金如果碰到問題,容易往宗教裡去尋求解脫與心靈層次的成長,在宗教性的冥想與靜心當中,開啟大智慧的寶庫。所以辛金只要積極、主動、熱情、即能解除迷失,只要懂得學習求知,即能擁有更多的自信與成就了。

辛金也為貴重的金飾,是經過精雕細琢的鑽石、閃閃發光的珠寶,氣質非凡;遇到壬水,可洗滌辛金未琢磨前經常纏有之濁氣與汙垢,讓辛金發出更美麗燦亮的光芒、更充滿了貴氣,此時的辛金也終於能將纏繞在腦中的幻想正式付諸行動,另外若遇丙火則能展現非凡的才藝,顯現出才華洋溢的一面,也能將興趣化為一桶又一桶的黃金。。

日主辛金遇庚金劫財、辛金比肩

辛金遇庚金為劫財：

此組合即是庚金劫了我辛金的財，辛為雲霧，庚金為氣流、強風，有雲霧就沒有強風、氣流，庚金的氣勢，造成辛金的壓力之虧損，庚金之魄力贏過辛金，辛金無法承擔這個壓力，而棄械投降。

日主辛金遇庚金如以心性的論斷，是由辛金安逸、與事無爭變成積極行事，由被動變為主動，由幕後走到台前的一個組合，但也是代表一組實力差距大的競爭，屬於不公平、不對等的競爭，當然是辛金節節敗退。

辛遇辛：

大多討論心靈層面或是美麗的事物，辛旁邊若無火也會陷入一種憂鬱的情性。

日主辛金遇庚金劫財、辛金比肩

辛金遇辛金為比肩：

此兩辛的比肩，屬於太過於安逸、擁有現成之事物、豐收、享福，當然以辛金代表雲霧時，即可代表胸無大志，雲霧密佈之象，辛金遇高山為雲霧，不積極行事，而喪失了很多的機會。

八字中遇甲、乙木辛金才變為豐收的果實、果實纍纍，那到底是雲霧或是果實，就是之前有努力播種、耕耘，才能有果實豐收的喜悅，沒有努力，那即是陰氣重重、雲霧密佈的象了。

辛金遇辛金，以地象來說，珠光寶氣，如同貴氣、權利之象，既所有一切事物延申，是來致於您是否有付出，有付出才是豐收，沒有努力、沒有火，疾病纏身，病痛連連。

辛遇庚：

辛遇到庚，庚劫辛的財（風將雲霧吹走），有庚就沒有辛。

出生日天干為壬水者:

壬水為十天干排序之 9，擁有主動、侵伐、魄力、執行、開疆闢土、領導、獨攬、勞動、挑戰、重視名氣的特質、心性。

壬水之人行為模式固定，較不喜歡變化，天生機巧且充滿了很高的靈敏度，動作敏捷且非常快速，正是符合這個時代的產物。壬水勇於在機會出現時表現自己，強力地推銷自己，並且善於掌握時機關鍵點，在他人的眼中給自己加分，並從中得利。

壬水喜歡用金錢來展現自己的名聲、地位、因而在這樣物質主義過盛的年代，上台下台就只在一瞬間，變化太快了，壬水必須小心，如果沒有足夠穩固的根基，很容易被淘汰下來，瞬間化為烏有。因此壬水要多親近上司，才能得到更多的價值、資訊，才能擁有更多的權貴。

壬水之人善於攻城掠地，動作迅速敏捷，進退之間掌握得非常精準而恰當。不過壬水也是有害怕的東西，那就是低陷之地，水一流進去就是無法再回到原有的位置了，此時叫天天不靈，叫地地不應，需多加小心。壬水為人海派，也喜歡熱鬧。做每件事情，都要符合經濟效應，喜歡立竿見影地馬上看到成效。

日主壬水遇壬水比肩、癸水劫財

壬水遇到壬水為比肩：

找到志同道合的朋友，可共同研究、開發、創造知名度及財利，如同與朋友研究產品，得到專利印星，而獲得名氣、創造財利。壬遇人也如同兩條雙行線的河流，要有匯聚之處才能有好的結果。

壬與壬同陰陽、同五行，與對方只要將想法、觀念講出來，就能、目標一致，可招兵買馬，擴展人脈，為理想、理念而努力得到成就，是一組好的比肩組合。但如同流合汙，只是談論是非，就如同不當的洩洪，而造成勞民傷財，將引起更多的財物損失。

壬水是由癸水而來的，癸是由太陽照射海陽所形成，即代表透過火轉化，火為壬、癸水之財，兩壬即是之前一定有火財星、感情不見了。

壬遇壬：

直來直往，直接並且強勢，講話講到最後兩人生氣，壬水相撞形成水花之象。

日主壬水遇壬水比肩、癸水劫財

壬水遇癸水為劫財：

是我主動劫了癸的財，乃癸水從天而降，降到了壬水，與壬水化成同一氣，原本是不同的理念，經過磨合，已變成志同道合的朋友，但必竟來致於兩個不同的區域，求財的方式還是各有所見，因而很容易造成財物的虧損，所以此組合，有辦法共同開疆闢土，無法共同享成的一個組合。

壬與癸的財星為丙、丁火，癸水讓丙火太陽忽晴忽雨，癸雨水讓丁火不見，癸滅丁，易因朋友、兄弟姊妹而損財。凡日主壬、癸水以火為財星，最好能將財星轉為房地產、土以保值，保有火的財，以免財來財去化為烏有。

壬遇癸：

癸入壬，招兵買馬之象。壬癸同時出現時容易損財（水旺無火），需透過印保值，水日主的要用土地保值，因水旺無火，火旺則無水。

生日天干為癸水者：

癸水為十天干排序之 10，擁有智慧、機智、儲藏、毀滅、玉石俱焚、廣結善緣、散佈、擴充、重視感覺的特質、心性。

癸水之人擁有高容量的記憶體，過目不忘，注重效率，並擅長於逆向思考、反向操作。學習任何事物，都喜歡講求速成之功。隱隱約約在內心懂得天地之間、宇宙萬物的陰陽交媾，合和為一之理。瞭解冥冥之中，有一股看不見的力量在主宰著，也因為天生的潔癖，而得以在眾多競爭者中自成一格。

癸水之人心思有些過於敏感細膩，能專注極靜之思考，也能機靈迅速極快的活耀展現。癸水在遇到困難，無法解決時，可以多曬曬太陽調理身心，即能很快找到答案了。

癸水如果遇上丁火時，那是癸水滅丁火，表示正崎嶇交戰著，吉凶就在一瞬間，此時宜用甲木轉化，才不致招來遺憾，成也癸水育木（春夏），敗也癸水毀木（秋冬）。若明白天地之間的道理，就是保持一股正念，一直走下去，才能免於天之責罰，在職場上也能夠獲得一份發揮自身興趣之工作。

日主癸水遇壬水劫財、癸水比肩

癸遇到壬水為劫財：

　　癸水從天而降遇到地面流動的水，屬兩水匯集而成，有同流合汙之象，此組合是癸水落下，被壬水同化，壬劫了癸水，讓癸水跟隨壬水回歸大海。

　　日主遇壬水代表可遇到志同道合的朋友，共同開創事業，但卻無法共同創造利潤，比肩、劫財是奪財之星，又因為壬癸水都以火為財星，日主壬、癸水比劫旺者無火財，水旺剋火，水火不容，因無法有效的創造財利，變成前功盡棄，宜小心防範。

癸遇癸：

　　丙丁無法進入，因此財完全不見（比壬癸在一起嚴重），只有未土可吸收癸水，未中有丁可轉化癸的水患，讓癸還能擁有財星。

日主癸水遇壬水劫財、癸水比肩

癸水遇到癸水為比肩：

　　癸水與戊土為地球原本之面貌，癸水是透過太陽丙火蒸發到天上的辛金雲霧，轉化的液態雨水，所以癸水遇癸水，可無中生有之前的辛金與丙火，辛金為癸水之印、丙火為癸水之財，代表之前的財印已不見了，可論斷因朋友而損了印星面子及金錢丙火，因朋友而放棄家庭及金錢，所以癸遇癸是從有變成無，重朋友而不注重家庭及老婆的一個組合。

　　日主遇癸水，水為言語，所以女命者喜歡談是非八卦及心事、家務事，宜將談八卦轉為學習才藝，才藝變為癸水之木，有了木即可助旺財利，展現魅力，獲得火財星之眷顧，而豐收享成。

癸遇壬：

　　我為癸投資他人(壬)，但癸被壬所收藏，當我投資於他人時，則是有去無回。

（以上比肩、劫財由太乙文化事業許碧月老師筆錄提供）

不同十天干代表的食神、傷官
我生為食神、傷官（執行力、部屬、情慾）

食神、傷官是表現、發洩、追求享受、企劃、廣告宣傳、展現自我本身實力的部份，智慧財產權，也是食傷的追求、展現。我的能力、實力是食神、傷官這是我擁有的智慧、才華，而印星的智慧、貴人是別人所給我的，所以食神、傷官是自身的實力，印星是福蔭、福氣。

我生者為食神、傷官，同陰陽之生為食神，不同陰陽之生為傷官，我生既代表我的表現、我的舞台、我的才華、技能、一技之長、智慧、知識。食神代表內在才華的表現，為我想追求的事物，食神強調內在能力、才能、實力；代表偏於平淡知足、含蓄、保守、純樸，尊奉傳統，有創造力，但給人感覺變化不大；溫柔多情，聰明伶俐，不喜表現，重視精神與物質之協調，有食祿、口福。

傷官代表外在才華的發揮、才氣、變化、創造力強、不在意過程，注重一切的結果。代表偏於激情進取、任性、樂觀、活躍、驕傲，天真而具創造力，給人有一種新鮮感，敢於與眾不同的表現，希望達到完美無缺，較不計成本，有代表付出較多的時間、體力，當然豐收也比食神來的多。

日主甲木遇到丙火食神、丁火傷官

甲木遇到丙火為食神：

　　我能力才華的施展、我的表現，造就內心壓力重重，甲木透過太陽丙火來表現才藝、找了舞台，卻讓我甲木長滿了樹葉不長樹幹，樹葉乙木會吸取甲木的養份、水份，使我甲木壓力重重，由於丙火太猛烈，會衝擊到樹幹，使樹幹無法成長。

　　日主甲木遇丙火太陽，如同主體本業、母公司無法成長達成目標，而副業、子公司、利潤少的一直再成長，讓我甲木疲憊，當然也代表甲木有能力承擔重責大任。

　　於女命來說，丙火是女兒之星，此女給母親的責任壓力，無法讓母親放下心來。

日主甲木遇到丙火食神、丁火傷官

甲木遇到丁火為傷官：

甲木為參天大樹喜愛丁火的能量、溫度、照耀，不喜歡丙火陽光普照，而且丁之磁場能造就甲木的成長，甲木顯現有自信，愈有能力，成長無邊，往上延伸無限，從他的表現一直成長後，更可舉一反三，達到無中生有的境界。

甲木遇丁火，生命的展現，完美無缺，有光鮮亮麗的舞台人生，也代表甲木所學習的事物，能學以致用，也因甲木的付出照顧了丁火部屬，讓部屬心念一致，為甲木努力貢獻，而造就甲木的成就及獲利。

於女命來說：丁火是女命的兒子，此兒子讓母親心滿意足，很有成就感。

日主乙木遇到丁火食神、丙火傷官

乙木遇丙火為傷官

此傷官表現的淋漓盡致,透過丙火的能量可得辛金的果實,有陽光丙火、有果實辛金,可得到官貴,人(乙木)因為有丙火陽光的氣,做事情更能順心、合意、達到金錢入袋、豐收滿滿。

乙木代表藤蔓、小花草喜歡丙火的陽光照射,快速成長、美麗大方,得到滿堂喝采。當然乙木遇丙火是魅力四射,無人可擋,多才多藝,是十天干傷官中,表現最亮麗的一組,因為甲木遇丁火之傷官表現,是在慢慢穩定當中成長茁壯,不像乙木花草、樹葉遇丙火太陽的快速、亮麗。

日主乙木遇到丁火食神、丙火傷官

乙木遇丁火為食神：

乙木因為丁而造就無形的壓力，質與氣無法平衡。乙木小花草不喜歡 丁火的溫度，丁火的紫外線不強，沒能力讓乙木花枝招展的表現，配合度不理想，乙木會很辛苦、很累。乙和丁的組合，溼木難引丁，只能燃燒出煙薰的白煙，薰的讓眼睛睜不開，所以乙木遇丁，視力不好，易流眼淚，也代表有眼疾之問題。

溼木難引丁，把溼木比喻人性，人性是內心自卑，態度傲慢，外表穿著光鮮亮麗，其實本質上，欠缺學習心、柔軟心、謙卑心，只在追求順心、合意，這個人如這塊溼木一樣，難以發揮，難以成就，應透過主動、熱情，將丁火轉為丙火，即能得到機會與財利，即能創造無限的價值與獲利。

於女命來說：乙木遇女兒丁火，此女兒使乙木精疲力倦，極度憂心、煩惱。建議此女兒要懂得嘴甜，多與母親噓寒問暖轉化母女之關係。

日主丙火遇到戊土食神、己土傷官

丙火遇到戊土為食神：

丙為太陽，代表亮麗普照大地，生成萬物，無私心、大愛、主動、熱情的付出給予；戊為高山之土，固執己見，不懂得變化，但是一位願意分享的人。丙火遇戊土南北奔波的象，太陽繞著高山，日升日落，黑夜又白天，為了宏揚理念、學術、才藝，為了舞台的表現，不計成本付出，奔波於很多個城市，來來往往，疲憊不堪，付出大愛。是一組忙碌而收穫少、付出多，容易白忙一場的組合。

所以丙火遇戊土的食神才華之表現，無法得到應有的獲利，一切只為了別人給予的掌聲，命是從早上忙到晚上。

於女命來說：丙火母親為了女兒戊土，勞碌奔波，女兒卻無法感受到母親的辛苦。

日主丙火遇到戊土食神、己土傷官

丙火遇到己土為傷官：

　　丙火太陽無私心的大愛、能量賦予己土大地當中，一拍即合、知己知彼，可產生能量，然後賦予能量，生成甲乙木，創造能源、有動力，有實質的能力幫助需要幫助的人；丙火本身也得到快樂、喜悅，所以丙火是大人的典故就帶在這裡，數大就是美，從丙火太陽的表現可得到成就感。

　　丙火以甲乙木為印，印星代表權利，官星代表職位，我丙火太陽能量賦予愛的能量、表現得到權利、職位，何樂不為。

　　太陽高照也能驅動庚金氣流風，代表丙火的熱情、大愛、主動付出，也能得到金錢、財利的豐收，如同政治人物為百姓、為選民服務，得到薪資、勞務費，也可代表因名望得到金錢。

　　於女命來說：丙火母親賦予兒子己土的愛，使己土得到事業的成就。

日主丁火遇到戊土傷官、己土食神

丁火遇到戊土為傷官的展現：

丁火對戊土相當投入，不謀而合，戊土會吸收丁火的能量，戊土因丁火活到老學到老，取之不盡，用之不竭，在每一個不同的人生舞台裡，展現出不同的生命角色，極盡的演出、完美的組合，造就戊土更能吸收壬、癸水。

戊土能生成水資源，但卻無法掌握水資源，戊土有了丁火，使戊土更俱有實力，所以丁遇戊即代表因才藝、才華之展現，而得到水的官星，得到名份(官星)，及權貴(甲、乙木的印星)。

於女命來說：丁火母親的愛，使兒子戊土更俱有溫度、實力、能量、自信心、執行力，來掌握感情、金錢、事業。

日主丁火遇到戊土傷官、己土食神

丁火遇到己土為食神的關係：

　　我丁火對別人戊土付出關心、能量，別人不領情，吃力不討好。己土不喜歡丁火，丁火為太陽所留下的溫度，當然也是代表極高溫，會讓土地硬化，讓己土之人堅固我執，無表達能力，行為羞澀、動作靦腆，對於生活接觸的事件不如意，都堆積在心中、累積怨和恨，製造不安全感、口無遮攔。

　　丁火遇己土食神之舞台表現是不完美的演出，代表丁火自身有極度的不安全感，較無法相信周遭之人事，使的自己受限。宜將丁火轉為大愛，多關心週遭人、事、地、物，即能將丁火變為丙火太陽，營造更多的歡樂幸福人生。

　　於女命來說：丁火母親對女兒的愛，反而讓女兒感到厭煩、壓力，女兒感受不到母親給予的愛，總覺得母親是壓力的來源。

日主戊土遇到庚金食神、辛金傷官

戊土遇到庚金為食神的關係:

　　戊土高山將庚金的食神表現阻礙,是受限的組合,而不是土生金。庚金遇戊土,庚金之風受阻,庚金變辛金,變成密雲不雨,沒有辦法走出來,無法風行天下,產生自我設限。

　　我戊土阻擋別人的去路,別人會有怨言和不滿,而造成磨擦,也因為對子女、部屬的教導方式,而使得他們無法完美的呈現能力、才華。我戊土的表現易自我設限(戊受阻),屬不完美的演出。宜透過學習,將此轉為財利、獲利。

　　於女命來說:戊土母親對女兒的約束,使的女兒無法自在發揮,當然也代表母親改變了女兒不經思考、衝動的個性。

日主戊土遇到庚金食神、辛金傷官

戊土遇到辛金為傷官的展現：

　　戊土讓辛金得到依靠、自信、能量，我的表現可得到很多人的認同，我造就了別人的舞台，也讓所有擁護我、愛戴我的人都會靠過來，我戊土讓辛金得到依歸，心靈上的寄託，讓他們得到保護、得到來源，而能全力完全的表現、演出。

　　辛金要透過戊土才能擁有源源不絕的能量，辛金沒有戊土或戊土，容易半途而廢，但戊遇到辛如果沒有出現水，變成密雲不雨，那麼一切還是都在做白日夢，無法達成心願。

　　於女命來說：辛金之來源為戊土，戊土母親對兒子辛金之呵護有佳，讓兒子無後顧之憂，可盡力發揮之能力表現。

日主己土遇到庚金傷官、辛金食神

己土遇到庚金為傷官的展現：

己土為良田、土地、平地，其性平易近人；庚金於人為有魄力的將軍、主將。為強烈的風、氣流，己土能讓庚金風行天下、暢行無阻，己土與庚金因為彼此瞭解，能充份授權給庚金對方，能表現完美，因此庚金部屬和員工，有很多機會、舞台，可將自我的才華能力展現，也能用心學習表現。

庚金傳播之氣有如媒體、網路般的快速，己土與庚金為朝氣的組合，有不同的體力及思維、美與力量的結合表現，能在適時、適地將能力、才華展現完美演出，如同遊戲人間，將好的種子傳播開來，將才華、專長、名氣傳播到世界各地、名揚四海，使事業甲、乙木不斷成長、紮根，遍地開花。

於女命來說：己土母親給兒子庚金無限的空間，能自在發揮所長，名利雙收。

日主己土遇到庚金傷官、辛金食神

己土遇到辛金為食神的關係：

　　日主己土良田、土地，能孕育花草、樹木，而辛金種子要重新播種、萌芽，需要一段時間，有時也無法破土而出，是一組風險的組合，也如同黃金掉土裡，才華被埋沒、隱藏，辛金沒辦法展現風采，比較安逸，無明顯目標展現。

　　己土遇辛金，當然也為土下的果實，如同蘿蔔、花生、芋頭、番薯…只要有努力、有付出，即是暗地豐收之象，如沒有努力之過程，一切都是空。

　　於女名命來說：表示母親己土對辛金子女太過於溺愛，反成母慈滅子，錯誤的學習、教育方式，使辛金沉溺不振，無法破土而出。

日主庚金遇到壬水食神、癸水傷官

庚金遇到壬水為食傷關係：

　　庚金在地為粗的鐵器、金屬，在天為強烈的氣流、風，引來狂風暴雨、大的水流，代表勞心勞心的付出，才華能力表現辛苦，雖然可以成就事業，但需付出很大的體力代價，屬於體力、體能的付出者，雖得到表現，但卻是疲憊的演出。

　　日主庚金遇壬水，壬水有庚金之生助，產生自信、動力，不顧一切的往前衝刺，而得到亮眼的成績，庚金因壬水能完美表現，得到掌聲如雷，但其成功的背後是辛苦努力得來的。

　　於女命來說：庚金母親因為女兒壬水，無法放下心來，忙碌奔波，女兒也因母親，而無法忙裡偷閒，勞其一生。

日主庚金遇到壬水食神、癸水傷官

庚金遇到癸水為傷官的展現：

庚金生癸水，可以安逸過日子，庚金可以功成身退，退居幕後，因為庚金的氣一直在形成，讓癸水很忙碌，癸遇庚，癸水是相當忙碌，而庚金遇到癸水傷官，卻是完美精彩的演出。

庚金遇癸水，風力即減退，目地完成，天降甘霖、衣錦返鄉，受到鄉親如雷的掌聲；也代表庚金遇到癸水，任務圓滿達成，癸水得到庚金的獎勵、犒賞，也得到實質的印星、權力。

於女命來說：庚金母親遇到兒子癸水，一切的辛苦總算苦盡甘來，可高枕無憂，可用兩個字來表達內心的感受，就是「值得」。

日主辛金遇到壬水傷官、癸水食神

辛金遇到壬水為傷官的展現：

辛金在地代表金飾、寶石，為美麗、光芒四射的珠寶金，遇到甲、乙木時，就成為甜美的果實，遇到戊土就成為雲霧；壬水為流動不腐的水流。辛金遇壬水的洗滌，珠寶金更加漂亮、光彩奪目、引人暇想，能力才華、魅力可以展現，更有自信，更加美麗迷人，可將名聲遠播於世界各地。

壬水如同灌溉的流水，在稻田裏讓稻子結穗，讓寶石更亮麗、讓雲霧變為水流。代表辛金遇到壬水，能得以重用，發揮專長、顯現其能、才高八斗，能將才華、專長完美的傳承。

於女命來說：母親辛金因兒子壬水，使母親更美麗動人，更有成就感。

日主辛金遇到壬水傷官、癸水食神

辛金遇到癸水為食神關係：

雖然極盡完美，但不容許旁邊有雜音出現，辛金之人有極高的自尊心，要有等值的回報，對方對我好一分，我也回敬三分，對我不好，不順我心、不合我意，我也會反撲回去。

辛金與癸水的組合屬毒性加強的組合，兩者在一起，力量加倍，當然好壞都是加倍，而且辛金與癸水都屬陰，陰氣可論異路功名，如果能為陰界、無形神佛代言，將是最好不過的組合，此能量如同鬼才，能來自上天給您的加持聰明絕頂。此組合如果研究五術、命相及靈界之探索，將能得到好的名聲、地位。

於女命來說：母親辛金因女兒癸水，語言相互相害，口不擇言，母親因女兒而沒有自我，乃辛金已轉化為癸水。

日主壬水遇到甲木食神、乙木傷官

壬水遇到甲木為食神關係：

壬為流動、速度快或為大水，遇甲樹木的組合，甲木根部受損，甲木之人受到壬水的侵伐會受困，反而是壬水來滅木，而不是壬水來生木，這是一般傳統命理只用十神法，沒有針對十天干的互動關係特性作解釋，所產生的誤差，所以本書對於十神法的應用，即是一本可當字典查詢的工具書。

傳統五行之生剋，是以水來生木，論為吉象。水雖然可生木，但此壬水是讓甲木產生壓力，無法展現魅力，也代表我壬水的表現會傷及無辜，我對部屬、子女的要求，讓他們難以招架。

於女命來說：壬水母親對女兒甲木的關係，反而使甲木受傷連連。

日主壬水遇到甲木食神、乙木傷官

壬水遇到乙木為傷官的展現：

壬水為江河水、為流動的水，將乙木載浮載沉，我壬水流動哪兒，乙木也漂浮到哪兒，壬水傷不了乙木，乙木可像浮萍般的四海為家，到處流浪，以身相許，嫁雞隨雞，嫁狗隨狗，沒有任何怨言，如同街頭藝人，也如同灌溉水稻。

日主乙木可藉由壬水而得到自身想要的利益，果實甜美豐收，也代表我壬水用傷官乙木的表現是完美無缺的，我壬水對乙木子女、部屬的付出，讓乙木得到最好的保障與成長。

於女命來說：壬水母親對乙木兒子的關愛是有助力，能得到兒子的認同。

日主癸水遇到甲木傷官、乙木食神

癸水遇到甲木為傷官的展現：

　　癸水為雨露之水，癸水付出心血、智慧，造就甲木成長，讓甲木得到學術、知識、穩定的家及最好的福蔭，癸水得到被利用的價值，癸水和甲木的相知、相遇、相惜，造就甲木成為舞台中的靈魂人物，使甲木永遠處在顛峰期。

　　癸水也如同甲木的經記人、經記公司、在遠方、在背後、在暗處，默默的協助甲木，使甲木在舞台中，發光發亮，盡情的表現，成為最有魄力的靈魂人物，無人可比。

　　於女命來說：癸水母親無怨無悔的付出，造就甲木兒子的成長，使甲木成為指標性的人物。

日主癸水遇到甲木傷官、乙木食神

癸水遇到乙木為食神的關係：

癸水雨露之水，造就乙木可以成長茁壯，可以有速成之功，可以快速蔓延，可以成就非凡，但乙木是小花草、樹葉，無法過得了冬天，一切的演出、表現儘量在春夏，若在秋冬之季，容易玩完了，功成身退，一切重新再開始。

所以癸水遇乙木在春夏之季，會有好的收成、好的結果，因為才華表現而得到名聲及財利、金錢，但在秋冬之時，宜用主動、熱情、關愛對方，不可以用利益來做為前題，即能化解秋冬之季的阻礙，化解秋冬之季所帶來的危機。

於女命來說：十天干中的母親，只有癸水對女兒的付出，能得到女兒的認同，要不然其它的九個天干女命對女兒的付出，常常與女兒產生爭執。

不同十天干代表的正財、偏財
（剋是慾望的表現、佔有是行動的力量）

我剋者為財，同陰同陽為偏財，不同陰、陽為正財，我剋是內心的慾望、享受，我剋是形於外，我想要佔有，我想追求的利祿、物質、金錢、感情、成就，我想操控的一切人、事、地、物。

有我剋人生才有目標、意義，才能有動力、執行力、破壞力、侵伐力、改造力。　男人為了追求異性，而展現出不同的英姿，討好女姓同胞，在動物也是一樣，以孔雀為代表，雄孔雀為了交歡於雌孔雀，而將身體、翅膀展現於開屏的舞姿，吸引雌孔雀。所以剋是慾望的表現、佔有是行動的力量。

「**有土斯有財，有財斯有用**」以人事來講，代表男女命的父親，為感情的代稱，財星也為男命的妻、為妾、為女朋友。正財為固定、正常的收入、感情、老婆，偏財為不在預定之內的收入財。

剋才有慾望，才有動力，沒有剋人就懶散，沒有目標、鬥志，我剋即代表我想操控，也為責任、壓力、義務、承受，所以八字當中凡有我剋或剋我，人才有目標、目地，才能造就成長。

財、官、印、比、食五種不同賺錢方式：

1. **財星：** 須付出體力所獲得之財。我剋，我想掌控、想追求，想佔有稱之為財。

2. **印星：** 透過智慧，專業知識。生我，得到知識、智慧、福蔭、學術。

3. **官星：** 透過責任義務壓力、經營來獲得之財。剋我，產生的責任、義務、壓力。

4. **比劫：** 透過人際關係名望、名氣來獲得之財。同我之互動、友誼之建立。

5. **食傷：** 可靠自身的表現，一技之長及能力來得財。我生，我表現魅力、我付出。

　　金錢取得不一定要看到財星，例如比劫旺可利用人際關係來得財，日主木跟火比肩旺之人可以靠人際關係，土金水日主比肩旺的話，是因為朋友讓我損財。

日主甲木遇到戊土偏財、己土正財

甲木遇到己土為正財：

甲木為高大的樹木，指標性的人物，甲木有開創之功能，能無中生有，己土為鬆軟的土，甲與己為天干之五合情性，此合甲己合為土不足的情性，土為甲的財，甲木為找尋戊土財星，將本身自我的情性不見了，為了老婆、感情、事業、金錢，改變了自己的觀念、想法、作為，不等於好與壞，只是心甘情願的，守著財星和女人。

局中出現甲己合的男命，較疼惜老婆，聽命於老婆，以老婆和財產為人生目標，所以甲遇己，金錢、利益、感情為甲木人生重要的排序。甲己合之人，甲木必須低調行事或培養優秀的助手、團隊，因為己土是鬆軟之土，無法讓甲木處於穩固之地。

日主甲木遇到戊土偏財、己土正財

甲木遇到戊土為偏財：

　　甲木為高大的樹木，能獨攬責任、壓力，抗壓性極強，能過得了冬天，遇戊土高山，兩者互相信賴，彼此幫忙，有黏密的感情，甲木有戊土的根基，甲木有自信，有穩定的財星、穩定的收入，更能成長茁壯，擴展於四面八方，懂得八面玲瓏，面面俱到，甲木穩立於戊土財星之上，成為指標性的人物。

　　甲木遇戊土偏財是親密，又不失甲木獨特的一面，戊土在十天干中只有甲木能改變戊土的情性，也代表甲木得到能提供安定、穩定的家、金錢的人，而造就甲木成為一枝獨秀高大的樹木，如同阿里山的神木，屹立不搖於高山之中。

日主乙木遇到戊土正財、己土偏財

乙木遇到戊土雖為正財：

日主乙木剋不動戊土，乙木沒辦法掌控這種財星，賺的是勞力財，每日所得，領死薪水，因根基想法無法植入戊土裡，只能辛苦做工。所以必須藉由主動、積極火的能量或是學習（水的能量），才有辦法掌控戊土正財之星。

日主乙木男命之人，會跟太太意見不合，無法掌握老婆的心，因為小花草沒能力在硬的土生長，但只要男命努力找尋方法，透過癸水印星、運用學習癸水的甜言蜜語，肢體動作，讓戊土軟化，夫妻會走向恩愛的生活。也代表乙木得到了方法，而能在戊土之上由乙小木成為大樹。

春夏之季最適合乙木成長，也代表乙木遇戊土之人，只要掌握到對的時間、遇到對的人，就能賺取大筆的金錢、財物，掌握到良好的時機。

日主乙木遇到戊土正財、己土偏財

乙木遇到己土為偏財：

　　己土為平地平原，和乙木可共依共存，共同體認分享生活樂趣與苦悶，乙木剋的動己土，生活與錢財的磨擦，可透過良好的對應關係，高 EQ 的表達方式，少掉許多的爭執與麻煩，一期又一期意想不到的收獲讓人歡呼，輕鬆入袋。

　　乙木日主的男命八字裡同時有戊和己之人，很容易往外擴展感情，因為乙遇戊剋不動，抓不到老婆的心，只有在己土上會全心全意的投入感情，所以乙日主宜小心防範，應該透過癸水甜言蜜語的互動，或是透過熱情，即可化解與老婆戊土的難以溝通，乙木即可深根於戊土當中了。

日主丙火遇到庚金偏財、辛金正財

丙火遇到辛金為正財：

太陽丙火之人遇辛金雲霧很容易被迷惑，失去了太陽丙火的情性，因十天干中，丙辛為天干之五合，丙辛想合化為水，有入門囍的象，水是官星、是子女星，只要丙火溫度夠，即有此象。

丙辛合很怕有婚外情，若外面沒有女人，辛就是老婆，娶了老婆就成就了事業；水的柔軟，會讓丙火剛柔並濟，在職場上生龍活虎，下班後在家庭，是居家型的男人，會聽從太太的指示，好一丙辛合成就感情、婚姻，也產生了事業。但如產生婚外情，會有連環的傷害，宜小心防範。

日主丙火遇到庚金偏財、辛金正財

丙火遇到庚金為偏財：

日主丙火太陽遇庚金之財為勞心勞力，因丙火會驅動庚金，命令庚金辦事，兩者配合庚金更有執行力與魄力，丙遇庚是一種忙碌、付出，可以掌控的財富，所以錢財會越滾越多。

丙庚同屬一卦，丙火在後天的離卦位在南方，庚金為乾金在先天位也在南方之位置，離卦與乾卦先後天是同宮位，丙與庚稱火天大有，丙火因為有庚金而成就財富，大大富有。所以丙庚在一起旁邊永遠都會有一大票人，好像是隨扈在保護丙火，也造就兩者共依共存，如影隨形，遇到戊土，即將功成身退、卸甲歸田。

日主丁火遇到庚金正財、辛金偏財

丁火遇到庚金為正財：

丁為太陽所留下的溫度，庚金雖為正財，丁火還是沒辦法掌握住庚金，丁火想要約束庚金，庚金即刻反撲，因庚金長生在巳，丁火驅動庚金力道不足，丁庚之間亦產生衝突、意見之爭，乃庚金之風，易將丁的火、溫度吹散。

庚金喜歡丙火之知名度及名聲、地位，願意跟隨丙火大人執行任務，但卻怕丁火之衝動爆力，因為丁火之溫度能切割庚金之粗礦金屬，所以日主丁火遇到庚金正財的心境，是食之無味、棄之可惜，又愛又恨，與老婆之間只能透過溝通或甜言蜜語，但只要丁火產生高溫，一切就能在自身的掌握之中了。

日主丁火遇到庚金正財、辛金偏財

丁火遇辛金為偏財：

　　丁火的能量，餘溫可使辛金融化而煙消雲散。以物象來講，丁火可以切割庚金及辛金，辛是雲霧、貴氣、珠寶金，辛金為了丁可以犧牲自我，完全奉獻給丁，所以丁造就老婆、女朋友的壓力。

　　日主丁男命老婆是庚金，丁難掌握庚，丁卻可使辛金棄械投降。丁辛雖為同族、同在酉位形成，丁長生於酉、辛祿在酉，但兩者為了金錢、利益也會產生意見之爭，丁只要全力以赴的投入戊土傷官之表現，舞台之創作、發揮，不要執意報酬之多寡，即能轉化丁火對辛金產生的壓力了。

日主戊土遇到壬水偏財、癸水正財

戊土遇到壬水為偏財:

　　戊是高山,壬是大水,兩者雖然親密,但是誰也不瞭解誰,壬不知戊的去向、行蹤及……內心世界,壬水也不知工作的意義、目標在那裡,如果以壬的角度,戊是官星,壬是戊的部屬、員工、老婆,老婆在想什麼,彼此都不了解。

　　日元戊土之人不易鬆懈心防,戊土是木納,隨境而活,不去追逐,貪慾之念很低,不苟求、不強求,唯有透過學習,加強火印星的能量,才能讓戊土變成燥土,才能吸收、瞭解壬水財星的思維,有效的理財,才能讓壬水心甘情願為戊土所使用。

日主戊土遇到壬水偏財、癸水正財

戊土遇到癸水為正財：

日主戊土的男命老婆是癸水財星，癸水從戊土高山快速下降，很容易有離家出走的象，夫妻吵架後，癸水老婆很容易負氣而離家出走，戊癸的關係，因戊土沒有辦法，掌握住癸水，癸從天上下降，馬上流出的水，有翻臉不認人的現象。

雖然有戊癸合之稱為夫妻之象，但癸從高山戊土馬上出走的象還是存在，只能增強戊土的能量，多多學習新知識，透過火印星學習，才能讓戊土產生燥熱吸水之財星，夫妻才能甜蜜過生活。

此象也為易經六十四卦的山水蒙卦，蒙昧無知，乃癸水智慧之星無法停留於戊土之上，故稱為蒙。

日主己土遇到壬水正財、癸水偏財

己土遇到壬水為正財：

　　己土為平地、平原、田園土地，壬水為流動的水，它會侵伐己土，掃掉己土上面一層薄薄的泥沙，沖刷掉己土上面的爛泥巴。所以己土與壬水剛開始相處沒辦法適應溝通，而且壬會窮追不捨調查己的去處，經過歲月的磨石、洗禮後會找到共識點，證明壬沒能力衝垮己土，他們會共依共存的面對生活，面對因工作、事業、人際互動所引動的一切緣份。

　　己土之平原能讓壬水財星主動而來，所以己土求財會比戊土容易的多，相對應用關係來說，己土的異性朋友戊土，對於己土的事業經營，是有助力的，可幫助己土獲得財利。

日主己土遇到壬水正財、癸水偏財

己土遇到癸水為偏財：

日主己土遇癸水，己遇癸很容易變成爛泥巴，己土、癸水旁邊沒有丙火或丁火就會少了企圖心與鬥志，而成爛泥巴，因為水沒流動，若人腳踏入泥巴裡，腳會越陷越深，沒辦法出來，若八字格局中旁邊有配置甲乙木時，會轉化水，甲乙木會將癸水重新蒸發，使己土不再是胸無大志之人。

此格局也代表己土之人遇到癸水感情問題，即失去了鬥志，己土有了癸水財星，會沉溺不振、越陷越深，所以己土唯有平時透過學習新知識(印星)、積極主動(印星)，產生火(印星)的能量，即可化阻力為助力了，成為最佳的理財高手。

日主庚金遇到甲木偏財、乙木正財

庚金遇到甲木為偏財：

庚金為強風、甲木為樹木，庚金的銳利及強烈的氣流、風，會讓甲木受傷，庚金劈甲木時是整棵都取走，取財是取大財，小財不管用，庚金喜大不喜小，老公很容易讓甲木老婆受傷，也代表男、女命庚金之人在談感情戀愛時是不浪漫的。

甲木為庚金之部屬，庚金面對部屬是用績效作管理，因而讓甲木憶感壓力重重。庚金遇癸水者止，水為庚金的食神傷官，也代表才華、能力的發揮、展現，唯有透過舞台的表現，即庚金之人找到自己的興趣，將能量、肅殺之氣作能量的轉移，就可化解庚金對甲木所產生的壓力了。

日主庚金遇到甲木偏財、乙木正財

庚金遇到乙木為正財：

庚金與甲木的對待關係是能完全掌握的,庚金面對乙木正財是優柔寡斷,庚和乙的關係,庚金因乙木改變了情性,乙也因庚改變了特質,因乙庚合為金,乙庚兩者達到共識,真情流露,真心現前。

庚金遇乙木正財以夫妻關係來比喻,老公是庚金老婆是乙木,夫妻鬥嘴、吵架後,是床頭吵床尾和;因此庚金劈甲是贏於甲兄,輸於乙妹的典故,由此而來;庚雖是有魄力的將領,可以為乙改變情操,乙木也融入庚金的言語對白裡,二者互為成長蛻變,這組合是夫妻最佳典範。

日主辛金遇到甲木正財、乙木偏財

辛金遇到甲木為正財的關係：

日主辛金遇甲木正財，可產生了功能性，而甲木遇辛金是產生被利用的價值，辛金有了甲木，就變成了果實，可讓辛金貴氣增加，事象上辛金不在是雲霧，娶老婆成就自我，得到財星，得到自我肯定，因為辛金已成果實更成就自我，更有信心。

辛金沒有遇到木就成虛無漂渺之雲霧，有了木才能使金的價值提升，得財、得功能，得到養命之源，當然能遇到戊土印星，更是幸福美滿。

辛金遇甲木正財是得財、得到貴人之助提升自我，得到價值性；甲木遇辛金是正官，是突顯被利用的價值、突顯其功能性。

日主辛金遇到甲木正財、乙木偏財

辛金遇到乙木為偏財：

辛因乙木得到果實，乙木也因辛金而受傷，這種辛金遇乙木肯定和辛金遇甲不同，辛遇甲比較天長地久，年年豐收入袋，而辛金和乙木是短暫、短時間之收成，收成後一切還是要在重新而來，乙木也會因為遇到秋冬之氣受傷。

辛金遇甲木得果實、得財、得金錢利益的時間較慢，而辛金要得到乙木的果實速度比較快，因乙木是週期性的植物，得到快，失去也快，這是辛金和乙木的組合寫照。

日主辛金之人如能得到戊土高山之呵護，即能增強自身的能力，取財的魄力。辛遇乙木如同辛卯柱自坐財星卯木，內心有滿足感，但一切的幸福指數還是要戊土的出現，才能真正有豐收的喜悅。

日主壬水遇到丙火偏財、丁火正財

壬水遇到丙火的關係是得到偏財星：

丙火太陽照射在壬水產生庚金及辛金，所以壬水遇到丙火太陽是財印兩得，丙和壬不會相剋，亥的本氣為壬水，但壬水不等於亥之氣，亥於月令是寒冬、於時辰晚上的九時到十一時，十二僻卦為六陰之地，暗無天日，兩者的氣，不儘相同，丙和亥會相剋，丙是受傷的，有丙就沒有亥，有亥就沒太陽丙火，晚上亥時是不見太陽丙火的。

日主壬水遇丙火是財星，也是無形印星的展現，因為太陽丙火與江洋水壬會產生庚、辛金兩氣，此為壬之印星，但我要得到財和印，壬水要有足夠的力量，才有辦法產庚金和財星，所以壬水只要主動積極，做好人際關係的建立、人脈之擴展，就能得到金錢、財利，成就權力了。

日主壬水遇到丙火偏財、丁火正財

壬水遇到丁火為正財星：

壬水和丁火的組合形成木，有火的地方，有水的地方，就會滋長木的生成，木造就壬水他的能力、才華的展現，代表壬有了丁老婆後，更能展現能力跟才華，我有了感情，就能突顯我能力存在的價值，取了老婆後，更有魄力，也更自動積極；有了財更有自信，也代表會用金錢來打響知名度（食神、傷官）。

壬水遇火，不管遇到丙火或是丁火，皆不會造成水滅火的情性，只是水日主以丙、丁火為財星，但這種丙、丁火為財的屬性是一種氣，而不是質，氣在冷熱變化當中會不見及消滅，宜用房產土地保值。

日主癸水遇到丙火正財、丁火偏財

癸水和丙火偏財的關係：

　　癸水為雨露之水，丙火為太陽，丙為癸的偏財星，這種財星，忽晴忽雨，夫妻在相處上，癸水會讓丙火忽晴忽雨，癸水太大、太多丙火會受傷、隱藏，丙火太過猛烈，癸水亦會受傷，所以兩者要花時間靜下心來多做溝通。

　　日主癸水，以丙火為正財、感情、老婆、員工、部屬，癸水之人要有穩定的金錢、財利，宜學一技之長，專心於專長、興趣之展現，才能與丙火所屬的一切人、事、地、物有更深厚的緣份。

　　命局此種組合的人，宜買保險或房產來保值丙火財氣的不穩定，化解財來財去的缺失，才能掌握擁有財的幸福快樂。

日主癸水遇到丙火正財、丁火偏財

癸水遇到丁火為偏財：

　　此種組合是一種破壞性、是毀滅性，八字裡有癸丁交戰的，很容易玉石俱焚的傾向，這種夫妻的感情對待，彼此是痛苦不堪，癸水會滅丁，讓對方壓力重重，所以癸遇丙，癸遇丁都是水火交戰，與壬遇丙火、壬遇丁火之情性不為不同。

　　日元癸水之人感情世界比較麻煩，有過與不及的困擾，難以拿捏，太過於主動會傷到丙、丁，不主動，對方又會抱怨，所以癸水要有智慧，才能穩定金錢和感情，也代表日主癸水之人，本身早就俱備了超高的智慧，所以才能擁有幸福美滿得生活。

　　建議日主癸水要透過買保險或土地房產來保值火財星的不穩定。

案例應用

傷官　正財　日柱　正財　正財
戌　庚　丁　庚　庚
申　辰　卯　辰　申
正財　傷官　偏印　傷官　正財

此女為音樂老師，由兩個庚可代表很會拉長音（庚有傳播之意）。丁的事業為申中的壬，兩個庚（乾為天）造成了丁火的壓力，申損掉落入辰（此女已離婚，申中的壬受傷），壬為丁之官星代表老公跟事業。

流年：今年癸巳年讓庚金功成身退，巳合到申落入辰庫，讓丁的能量減弱，今年會想休息。此女適合同居不適合再婚，今年的巳被申合進來但申落入辰庫，申雖然有合到卯但還是落入辰庫，終究官星會不見。兩個庚造成了木的損傷，木表示文書契約，如結婚登記的契約，因此損掉婚約。

　　申若沒遇到辰也許是因為外面的引誘，但八字中申遇到辰形成命中注定會損掉申，因此建議同居就好，不要不結婚。庚也代表丁的財星跟感情，會在感情上將錢財付出，丁遇到申代表財比較無法掌握，而財中有壬，壬代表男友，則可說為了男友卻無法掌控錢財，代表女生付出金錢。

　　戊申容易自我設限會裝無辜（這位男生），但乙庚合代表很會表現，此女的男友性格瀟灑，而戊申旁邊無水（財）代表要透過這個女人（丁）讓戊產生功能性來吸水，所以男生較依賴女生，而且申金對卯獻殷勤，稱為天風姤，有性的互動。兩個庚金甲木一定會受傷。當然，假如八字有兩個庚的人種樹是會減緩甲木受傷，種甲木來當替身轉化甲的受傷。也就是說家中只能侍奉一位神明，若家中有三位神明家運容易走下坡。

　　兩個庚在年月柱代表想法，對甲木造成的傷害是自己的想法造成的（例如相信別人而使合約有問題），在時柱的話則為外來的影響，而木是丁的印星，因為兩個庚使房子、契約不見，離婚會是這位女生自己提出。庚原本形於外，由父母親所提攜出來在音樂的舞台表現。

此乃長輩宮位引動，丁火女的父親為庚金，但是丁為了感情(申中之壬)放棄唱歌(因原本外露的庚變成地底下的申)，丁為了時柱戊申的申中之壬而放棄了庚，而丁為了申落入了戊被收藏。丁女只要一遇到感情就變弱因為遇到戊，為了感情則放棄事業。

丁女的老公為申中之壬，男友為庚辰，因辰中之癸代表男友(庚辰，這男友口才好會講話)，這男生不單只交往丁女，(男友代表庚辰，婚後則變戊申)，代表還有另一位女生。年庚申、月庚辰也代表家長的能力不錯，代表生了丁女後能力一直提升並且環境越來越好。

(此案例由太乙文化事業天晴老師與謝天機老師筆錄提供)

不同十天干代表的正官、偏官

剋我為正官、七殺,不同陰陽之剋為正官,同陰陽之剋為七殺。正官、七殺就是一種責任、壓力的象徵。八字中有正官或七殺的人,代表較能承擔壓力與責任,有抗壓性,較守禮法、重聲望、重視地位,也是位主管、領導者的格局,能承擔一切的重責大任,當然過多的官殺又會造成優柔寡斷、多是非的損傷。

在流年走正官或七殺時,也大都會與責任、壓力、權利、職務、名份、上司、工作、官貴、法律、政治、是非、傷害、破壞,及男命的子女,女命的老公、情人有關係。

官代表管,七殺代表煩心,當然兩者都是責任、義務。正官即為合情合理的管束、管教、約束,原本即該接受的管理,於事業的角度來說,每天照著時間上下班,即是正官的表現。於女命來說,我必須接受的責任、義務,也心甘情願接受老公的約束,而且是沒有理由的,就是正官,當然於事業上也是如此。於男命來說:正官代表女兒,陰陽之相剋,感情較融洽,女兒也較會對爸爸撒嬌。

以七殺的角度來說,代表男命的兒子為五行為陽陽或陰陰的相剋,父子較容易有意見分歧及意見之爭,常一言不合,就吵了起來乃是七殺煩心、直接、壓力所致,唯有透過印星的轉化,既透過學習、智慧,才能化解七殺帶來的壓力,才能掌握住正官帶來的職務。

日主甲木遇到庚金偏官、辛金正官

甲木遇到庚金為偏官：

甲木為高大的樹木，庚金為強風、大刀之金，此甲遇庚的偏官是一種極大的壓力，尤其甲午、甲申這二柱遇庚午時，是傷害連連，於擇日應用上，更會造成家族成員的是非、傷害，於是甲子、甲戌這二柱遇到庚金，乃在秋冬之季，受到庚金強風的考驗，受傷還是難以復原。

甲木遇庚的事業形態，是在壓力中經營成長，女命甲木遇到的庚金老公也不懂的憐香惜玉，常用責備的口語，在互動上較為直接、惡勢力，讓女命苦不堪言，在工作職場上也會有名譽受損、降職、與上司不合的狀況。宜透過癸水學習或透過甜言蜜語化解這壓力。

日主甲木遇到庚金偏官、辛金正官

甲木遇到辛金為正官：

　　甲木高大樹木讓辛金產生了價值、功能性，變為果實，可在穩定當中得到功名、名利成就，甲木得到果實辛金，可年年豐收，得到事業、貴氣，當然這也是責任及甜蜜的負擔。

　　女命遇到辛金的正官可得到穩定的感情，而且老公相當尊重您的意見，但您也要多多尊重老公的意見，不可得理不饒人。

　　甲木遇到辛金，辛金在哪裏，成就就在哪裏，當然甲木在哪裏，根就在那裏；如出現丁火，丁火在哪裏，其貴人就在哪裏。當然在流年出現辛金時，也帶表在此年是豐收、成就的流年，宜好好的掌握。

日主乙木遇到庚金正官、辛金偏官

乙木遇庚金的組合為正官：

　　乙木為小花草、藤蔓，庚金為風，為傳播之氣，為正官，庚金的正官主動而來，代表只要我願意，接受事業、機會，則事業、機會會主動而來，雖然庚金帶給乙木一些壓力及責任，也讓乙木全然投入於事業當中，得到事業的成就與滿足。所以學理上稱乙庚合金，代表著乙木全心投入了庚金之中。

　　女命乙木遇庚金，為事業也為老公、男友，庚金風主動來合乙木，能快速得到事業、感情、老公，追求所愛，有所依歸，是為甜蜜的負擔也為享受名份，貴氣的一種組合。

日主乙木遇到庚金正官、辛金偏官

乙木遇辛金為七殺：

此辛七殺讓乙木快速結成甜美的果實，當然也造就乙木的責任、壓力，乙木得到利益後，木體開始凋零，能力、才華將退化、受損，有重新再來的現象，也代表乙木較無法承載這個責任與壓力，對於工作、事業或女命對於另一半是承擔重重的壓力，在被壓迫、心情鬱悶當中過著生活。

化解之道：宜透過丙火的能量轉化，也就是透過積極、熱情、主動來化解煩惱與憂愁。乙木在於得到成就、果實後，不要急著享受，要不斷的付出，即繼續讓乙木產生功能性、產生產值，就能化解辛金偏官、七殺對乙木產生的壓力及傷害了。

日主丙火遇到壬水正官、癸水偏官

丙火遇壬水為偏官：

此組合雖然是偏官，但丙火見壬水與日主乙木見到辛金的偏官大為不同。丙火為太陽在天，壬水為大河流、海洋、江河之水在地，兩者是不會相剋的，壬水讓太陽丙火反射，湖面更為亮麗，而且當太陽照射於海洋時，會產生庚的氣流及辛的蒸氣、雲霧，庚辛兩氣又是丙火的正偏財。

綜觀此組合丙壬的七殺是丙火太陽透過亮麗、名氣、名望、地位、名聲，得到金錢與事業及名份，是一組好的組合，而非水剋火。而乙木見辛的偏官是收成之後帶來的一切重新開始。

日主丙火遇到壬水正官、癸水偏官

丙火遇癸水正官：

此正官卻是一種甜蜜的負擔與責任、壓力，丙火為太陽，充滿熱情與喜悅；癸水為雨露，是透過辛金轉化而來的，雨露讓太陽光芒不見了，代表這份工作讓我非常的忙碌，我執著於事業、工作，認真於事業、工作，心情忽晴忽雨。日主丙火太陽喜歡壬水海洋、湖泊之水，透過壬水的反射，使太陽更耀眼、亮麗。

日主丙火遇癸水，男命與女兒相處或女命與老公、男朋友相處，心境忽晴忽雨，所以要互相溝通，彼此多瞭解，才不會產生這麼大的情緒反應，才能共同開創美麗佳園。

日主丁火遇到壬水偏官、癸水正官

丁火遇壬水為正官：

丁火與壬水是合，稱4、9合，有溫度的地方及有水的地方，自然會產生植物，所以丁壬合造就了木氣的形成，木即是丁火的印星，此即代表權利、德善、品牌、形象，做事業得到名份、地位、權利，能擁有好的品質及形象。

男命的女兒為正官，結了婚生了女兒，就可創造另一成就的提升；女命的老公是正官，結了婚，升官發財，更是名份、地位、權利的鞏固，得到老公、得到權利的提升。日主丁火與壬水正官是一組好的組合，宜好好的把握這良好的機會。

日主丁火遇到壬水偏官、癸水正官

丁火遇癸水為七殺：

八字十神應用的十天干對應十天干共有一百組的十神對待關係，而此丁火遇到癸水七殺的組合，是一組壓力極大的組合。

丁是能量、溫度、磁場、香火傳承，癸是雨露，癸會破壞丁火，代表丁遇到的工作、事業是一種極大的負擔、壓力、責任，工作不順心，工作的屬性帶有危險性。

男命的兒子為七殺，與自己本身沒有共識，有待溝通。女命遇到的老公、男朋友，讓自己無法得到快樂，甚至有玉石俱焚的現象，是位恐怖情人。此組合於人事方面對待，宜做好溝通、協調，避免不必要的衝突，即能化解癸水七殺帶給丁火的壓力。

日主戊土遇到甲木偏官、乙木正官

戊土遇甲木為偏官：

　　七殺即是偏官，在古書稱有制為官，無致為七殺。七殺聽起來會讓人覺得有壓力，所以可全部用偏官來稱謂。丁火遇癸水的七殺是有毀滅性的、是無法共存的，但戊土高山遇到的甲木七殺，兩者是親的，是共依共存的。戊土必須透過甲木才能得大用。

　　戊是高山密度較高的土，甲木為高大的樹木，兩者的組合是互謀其利，得到好的事業機會，也造就事業的成就，戊土因為有了甲木偏官能做好水土保持，得到甲木、得到安全感，也得到成就輝煌的事業，甲木得到了戊土，得到穩定的根基，能安全無後顧之憂，全力以赴的衝刺，女命可得到志同道合的老公，共同創造家庭、事業。所以此組戊甲之偏官(七殺)是好的組合，不用看到此名稱就感到有壓力。

日主戊土遇到甲木偏官、乙木正官

戊土遇到乙木為正官：

戊土高山屬密度高的土，乙木屬花草、藤蔓根部柔軟，無法有效率的穿透，雖為正官，卻無法掌握此工作之屬性，要經過較長的磨合期，才能順心，也代表戊土不會因為乙木的正官、學業、功課、事業，而產生壓力。

日主戊土，乙木正官為上司，代表乙木上司老闆也較無法瞭解戊土本身的觀念、想法，戊土找不到合意的工作屬性，唯有透過好言好語，也就是癸水，才能化解戊土的固執，讓戊土得到水而軟化，才能有好的工作、事業，女命才能有好的感情、婚姻生活，讓乙木小花草在戊土上變成大樹成長茁壯，成為阿里山的神木。

日主己土遇到甲木正官、乙木偏官

己土遇甲木屬正官之星：

　　甲木為大樹指標性人物，老練、沉穩、顧家，也為領導的格局；己土雖為良田、平原，卻能掌握甲木的權貴，代表己土之人經營事業或女命經營婚姻感情，是有自己獨到的魅力與方法，成就事業、掌握事業，但畢竟是己土而非戊土，會因太過於自信，宜防範事業體一直變大無法承載，自食倒閉、功虧一簣，重新而來的命運。

　　所以己土之人遇甲木，代表事業是我可以掌握的，但要注意在經營事業或女命經營婚姻絕對不可一意孤行，要懂得謙讓，宜小不宜大，才能立於不敗之地，讓事業穩固。

日主己土遇到甲木正官、乙木偏官

己土遇乙木屬偏官之星：

乙木為小花草藤蔓、週期較短的草本植物，己土的平原之土可快速讓乙木成長，代表己土經營乙木的事業及女命經營婚姻感情是有速成之功、快速得到名份、地位、事業、官貴，但也因乙木無法過冬天，而讓此名份、地位、事業、官貴到了每年之冬季，即產生了變化及損失，宜小心防範，才不會前功盡棄、白忙一場。

所以日主己土遇乙木的偏官，要讓事業體或女命之婚姻能穩定，必須常常透過學習上課，學習不同的學術、智慧，學習上課是代表太陽丙火的能量，學習專業知識，才能讓乙木得到陽光、溫暖、能量的提升，才不會事過境遷、重新耕耘播種。

日主庚金遇到丙火偏官、丁火正官

庚金遇到丙火為偏官：

　　庚金為風、為強烈的氣流，主導肅殺之氣及權威，但若師出無名，將受到眾人之撻伐，所以庚金遇丙火太陽，師出有名，護駕有功，魄力十足，造就了輝煌的大事業，成就自我，也成就週遭的人事地物，女命也能遇到志同道合的朋友，共同開創事業的版圖，成就名望之氣。

　　庚金遇丙火太陽，雖然辛苦，但一切的努力、付出，都可用兩個字來形容，就是「**值得**」。因為庚金長生在巳，巳火太陽引動庚金，造就庚金的執行力與魄力。

日主庚金遇到丙火偏官、丁火正官

庚金遇到丁火為正官：

丁火為能量、溫度、磁場，也為小火，燭光之火、月亮、晚上之情性；庚金氣勢非凡，遇丁有嫌力道不足，所以庚金在工作上有強賓奪主之現象，鳩佔鵲巢，讓上司、老闆壓力重重，也代表能力比上司、老闆還要強，讓上司憊感壓力，女命企圖心大於男人、老公，也較容易嫌老公。

庚金能使丁火產生壓力，但庚與午的關係就不同，午火的本氣為丁火，但午火不等於丁火，午的能量高於丁，丁有午的特性，但實力差午很多。

化解之道: 宜多學習，用謙卑、禮讓之心與週遭的人相處，不要讓大家覺得您是最頭痛的人物，而喪失掉良好的機會及舞台。

日主辛金遇到丙火正官、丁火偏

辛金遇到丙火正官：

辛金雖是雲霧，但卻能讓丙火陷於迷惘當中，進退不得，也代表丙火太陽產生了私心、慾望，才無法駕馭辛金，讓辛金胡作非為、讓乙木受傷、讓丙火名望之貴毀於辛金之手上，當然也能代表辛金有無限的魅力及能量，才能讓丙火招架不住，陷於黏密的迷惘中，此為辛金來牽絆丙火，丙火受限，唯有水的出現，才能化解危機。

所以成也辛、敗也辛，辛金只要釋放適當的能量，即可得到事業成就、得到無限的舞台魅力，女命能享有美滿的婚姻生活。當然丙火太陽也要展現魅力、能量及愛，才能駕馭辛金，得到美人心，才不會落入金錢、美色所設下的陷阱之中。

辛金遇到丙火正官、丁火偏官

辛金遇到丁火為偏官：

辛金為雲霧，丁火為高溫、能量、磁場，辛丁本是同根生，相煎何太急，這句話道盡了丁火出於酉之位（酉即是辛），我們稱丁長生在酉，但丁的溫度卻會讓辛雲霧不見，代表辛金面對丁火的工作、事業、責任是有很大的壓力，無法自主，而身陷於沼澤當中，壓力重重。也代表女命日主辛金遇到丁火面對這段的婚姻、感情，是讓您得到更多的智慧、得到更多的啟示與經驗。

化解之道：可透過戊土正印學習新知轉化，用戊收藏丁，也可透過盆栽樹木來作氣的轉移，透過樹木來轉化丁火，成就辛金果實，才能製造更多的機會及金錢入袋。

日主壬水遇到戊土偏官、己土正官

壬水遇到戊土為偏官：

　　壬是大水、流動的水、湖泊、河流，當然也可以代表海洋；戊是高山之土、燥土，也是密度高的土。壬水遇戊土為工作、事業，但壬水遇戊土的事業、工作是無法瞭解的，也不知公司的目標、願景在哪裏，當然戊土對這位壬水員工，更是不懂他的心思及向心力何在？

　　此組合最好從事外勤業務之工作，能製造更多、更好的機會，身為戊土上司也要多加的充實自己，才能瞭解世局之變化，讓壬水心甘情願被戊土所駕馭約束，為公司製造財利。

　　女命遇到此組合的婚姻，還是要以主動、熱情的方式與老公或男朋友互動，才能讓死木頭變成活木，才能擁有更浪漫、甜蜜的婚姻生活。

日主壬水遇到戊土偏官、己土正官

壬水遇己土正官：

壬水是大水、海洋、湖泊、河流、流動的水、主動侵伐的水，己土是良田土地、平地、平原、鬆軟的土，壬水與己土正官是親比的，有良好的互動關係，代表對工作屬性、事業是可掌控自如，對工作是黏密的、對於工作之屬性是熟悉的，也熱愛於工作，而且常常以工作為家。

日主壬水遇己土正官是女命的夫星，所以女命對於另一半常常窮追猛跟，讓另一半無法招架，因而陷於壓力當中。當然壬水與己土要有些時間的磨合，才能改變壬水對己土的不信任感。

化解之道：宜透過互信，彼此給對方空間、時間，婚姻才能更美滿、甜蜜。

日主癸水遇到戊土正官、己土偏官

癸水遇到戊土為正官：

　　癸是雨露之水，從天而降的水；戊是高山之土，無法保留癸水雨露，雖然於學理上癸與戊是合的，但卻代表癸水對這份的工作、事業是喜歡自由自在，無拘無束的工作環境，不喜歡內勤或一成不變的工作屬性，較適合業務、行銷之外勤工作屬性，才能將能力才華發揮到最完美。

　　也代表女命對於婚姻生活，是不喜歡受到約束的，喜歡有自己的生活空間，當然以戊土正官的角色是無法瞭解癸水老婆的想法，也無法掌握其行跡，唯有戊土主動熱情，懂得自我提升、成長、學習、求知，增加自己的實力、溫度，才能讓癸水心甘情願被戊土所屈服，才能有圓滿的家庭。

日主癸水遇到戊土正官、己土偏官

癸水遇己土偏官:

　　己土是良田土地、平原、鬆軟的土;癸水雨露從天而降,造就了工作環境的受限,代表因癸水的工作判斷錯誤,而造成了公司的損失、名譽受損,因為癸水與己土的關係,很容易成為爛泥巴,癸水必須加強能力、才藝學習表現,透過主動、熱情,才能化解因錯誤而造成的遺憾、損失。

　　以女命的婚姻來說,日主遇到己土的官星是整天沉溺在愛的迷惘當中,而讓另一半胸無大志,應該鼓勵另一半多參加學習推廣教育之課程,自己也要學習才藝、一技之長,有愛情也要有麵包,才能婚姻、事業、金錢都稱心如意。

時空卦的應用案例解析：
◎換這個新工作好不好？

偏財	偏印	日柱	偏印	偏官
辛	乙	丁	乙	癸
巳	巳	丑	卯	巳
劫財	劫財	食神	偏印	劫財

　　年、日柱癸丁交戰讓丁有壓力，癸要滅丁，乙木花草轉化，因癸水被乙木吸收，我們稱為官印相生。癸水偏官目前的工作雖然壓力大，但因有乙木背負著重要的職位，雖有壓力，但是可以藉由乙木化解的，癸偏官入丑庫而且癸又能用乙卯來轉化，並且丑可以掌握乙卯印星，代表擁有權力很吃得開。而新工作丁在巳能量高，但時乙巳、分辛巳，有兩個巳代表丁到新工作無權力，因丙奪丁光，雖然丁火能力最好，卻無法突顯，但卻能掌握辛、巳，較資深者或能力強者會以丁為重，但功勞容易成為他人巳的，丁之財星為巳中之庚及辛金，所以換了新的工作時，錢較旺，但權利較小，而人際的互動只要低調就能有不錯的人際關係。

　　日柱丁丑遇分柱辛巳，代表丁可得辛財，而且辛能入庫，但日柱丁因為有巳代表光芒會被搶走。

　　以上是不同十天干對應十天干的不同十神意涵，這是突破傳統一層不變的十神法。相同的十神通變星宿名稱（正印、偏印、比肩、劫財、傷官、食神、正財、偏財、正官、七殺），因天干的不同，吉凶事項當然也不同，且不可拘泥在十神通變星宿的涵意及正、偏所代表的義意，這本書是創舉，打破八字的思維，更可應用在各個學術及人事地物的應用，當然也歡迎您加入太乙文化事業的學習行列，會讓您減少走很多的冤枉路，及減少花費很多的冤枉錢。

　　以上十天干對應十天干的不同十神解析，由太乙文化事業許碧月老師及救國團宏宥老師、小孔明老師，筆錄整理提供。案例由天晴老師、謝天機老師筆錄提供。感謝五位老師的協助。

快、狠、準的八字十神直斷秘訣
(天機密論)

　　此直斷秘訣來至家父「王福寶」與恩師「王長壽」的八字論命捷徑，此為兩位恩師他們早期師承口傳心授的論命訣竅，又稱天機秘論，他們在學習的過程中，都是師父口述，弟子筆錄，此經由兩位恩師的許可答應，特此公開與有緣人分享，總共有一千零八十條，分天地人三集，請拭目以待。在此也感謝兩位恩師不吝教導，感恩、感恩！

　　此天機秘論有的與現代的生活無法融入，已不適合資訊快速變遷的社會所使用，所以有作些微的刪除及修改，使其更符合現代的生活所使用。

斷多母
◎印代表母親、財代表父親，印星氣弱受傷，財星旺盛有力。
◎局中正印、偏印同出，正印臨死墓絕地無氣，偏印臨長生、臨官、帝旺氣旺之地為庶出。
◎父星財星旺秉令，母星印星伏藏不現，庶出所生。
◎全局只見偏印而無正印者。
◎財星多剋或多合者。

◎月令傷官，印臨死絕之地，父母不全，緣份薄。

◎四柱財多即是印星氣弱，非庶出，則螟蛉(抱養)或父母不全。

◎八字中印星多，所謂印星成局、成方或正、偏印相混雜不清者。

◎日元無氣無承載力，時柱見印星，與母親緣薄。

◎年月空亡，父母不全。(空亡表格在本書八十九頁)

◎印星臨死墓絕，財星旺盛，與母親緣薄。

◎財星多合、剋印星者，多母，與母親緣薄。

斷長瘤：

◎屋宅有放置石頭者，易有痣瘡、結石。

◎屋內牆壁生壁癌者，易長腫瘤及皮膚病。

◎戊土逢地支同時有申亥，易增生腫瘤或有慢性病。

◎火旺而欠水的女命都易有婦科病。

◎土是突出之物，土多見水，花草易在土中成長，所以婦科會生腫瘤。

◎五行中火、土太旺，水太弱，婦科病疾。

◎土主生化，水為流通。土為一塊塊的東西，丑午、子未、丑未、未戌同現易得癌症。

◎時柱午、未、申、戌時生者，子宮易長腫瘤。

◎時支陽刃者，易因生育或腫瘤開刀。

例如：　日甲生於丁卯時。日乙生於戊寅時。
　　　　日丁生於乙巳時。日戊生於戊午時。
　　　　日己生於己巳時。日庚生於乙酉時。
　　　　日辛生於丙申時。日壬生於庚子時。
　　　　日癸生於癸亥時。

以上稱時支陽刃者。

◎原局辛金旺盛或夏冬之氣交戰，易長腫瘤。
◎時柱申時生者，易便秘、大腸長瘜肉。
◎未日的申時男命攝護腺腫大。女命子宮腫瘤。

斷自殺命：

◎五行中，水代表寒涼冷漠冬天之性，火代表溫暖熱
　情，如果水太多太過，而無火的能量，尤其亥、子
　水，會感到絕望而自殺。
◎火代表毀滅性，八字中火太多，尤其午、未、申，
　會突然失去理性，類似顛狂而傷及無辜，也易脾氣
　爆發而自我毀滅，害人害己。可透過寅、丑、辰洩
　氣轉化。

◎火太旺而無水，血氣上升頭部，晚上會太亢奮，必
　須靠藥物才能睡得著。
◎火是化學藥品，西藥，火土躁熱易吸毒，肌肉姜縮、
　思緒無法集中。

◎局中火無氣，秋冬之氣旺盛，亥亥又自刑，易想不
　開而自殺。
◎局中寅亥合，四柱中無丙、丁、辰、巳、午火者，
　身體易萎縮，有暗疾。

斷意外命：

◎原局木受沖剋，易有意外之災。
◎命局巳火被亥水沖，易有災害。
◎命局午火被子水沖，易有无妄之災或水災之傷害。

◎甲木主頭，年柱更主頭，遭庚金或辛金近剋，易在
　小時候跌傷頭部，或跌歪鼻骨，也易留下疤痕。
◎年月日出現雙庚金，內耳膜失衡，頭痛暈眩、嘔吐。
◎水主耳朵，當年月火燥或水火交戰的時候，燥火陽
　氣上升，便會暈眩，而意外跌傷。

◎幼年有水火之災:年月水火相沖，無合來牽絆者，易
　產生水火之疤痕。
◎年月木剋土無合，小時候常常皮肉之傷。

◎亥、子、丑年生者，晚上不好睡，易有頭痛之疾。
◎丙火遇亥、子水，易有懼高症，或從高處跌傷。
◎命局中有水入辰庫，又出現兩辰，家人有水厄之災。

案例
某人車禍受傷昏迷不醒：

車禍發生時間：

日元　丁酉　偏財

七殺　癸丑　食神

正官　壬辰　傷官

　　癸丑月受傷遇到有合，復原時間較久，尤其丁酉日出事，癸丁交戰，酉金入丑庫，車禍昏迷不醒，也代表危急。入庫代表被收藏；沖代表是受傷，較快復原；合則為絆住，時間會較久。

　　丁酉被丑庫收藏，酉代表辛、魂魄被收到丑庫，丁酉也表示是小廟，因此建議去出事附近那家小廟告知所住醫院及房號以利將魂魄歸回。辰酉合代表兌卦，兌為澤為沼澤為辛金，所有的辛都在丑庫，辛為魂魄，進入丑庫是很危險的，只能透過祈求，期待奇蹟的出現。

問安危的時間：

偏財	偏財	日元	傷官	比肩
丁	丁	癸	甲	癸
未	巳	卯	寅	巳
偏官	正財	食神	傷官	正財

　　癸卯遇甲寅，癸卯依附在甲寅，癸水較有能量，因為癸依附甲，卯依附在寅身上，代表奇蹟出現在甲寅的身上，因為後面的丁巳和丁未導致目前的昏迷不醒，此丁未也為結果論。宜拜祖先讓癸卯依附在甲寅身上，雖然丁是代表祖先，此外，可利用宮位（年、月柱為祖先），讓癸卯走向甲寅代表有存在的空間，若是讓癸卯往丁巳、丁未方向走則是會讓癸卯消失，因此要往月柱方向祈求祖先。

　　以癸卯最後的落點為丁未，代表此人很危險，雖然當下被認定救治無效，但往回追溯到月柱來尋找機會，因甲可吸收癸水，卯遇寅可攀爬，代表保有癸卯不被滅的機會，建議長輩照顧此人或代替祈福，較有好的奇蹟出現可能。

由車禍時間(286頁)中丁壬合化木,剛好在卯的位置,酉(辛)今入丑庫,代表三魂七魄歸在丑土,被附近的廟給收藏了,因此需去出事地點附近廟宇祈求土地公婆將魂魄歸到出事之人身上。

戊申日會出現機會,因戊申會沖甲寅(甲戊合住但寅申沖),甲寅沖開後癸卯才得以出現,戊土也會引動癸水,沖則辛金也產生,辛金產生魂魄則出現,此日沒沖開機會就微渺了,而且車禍時間為丁酉日,問安危的時間為癸卯日,明顯癸丁交戰,卯酉又沖,可說是凶多吉少。。

丑月出事在不危急生命時,要在火日可解除,假如遇沖在第一個火日可解除(10天就遇火日),若合則需經過4個火日才能解除;若不沖不合則在第一個火日即可解除。丑遇丙、巳是無用的,丑土為冰山,太陽丙、巳只是反射而已並不能使冰山融化,溫度丁、午才能讓丑土冰山融化。在生肖姓名學中有云自古白馬(午)怕青牛(丑)但實際上應該是青牛(丑)怕白馬(午),因午可將丑土融化。

斷常作夢：

◎木火春夏之氣是企圖心、是前進、是進取，是往前看，
　易夢見未來之情性。

◎金水秋冬之氣是收成、收斂之氣，是保守，是懷舊，
　是往後看，易夢見過去的事項、曾發生過的事項。

◎年月日是金水秋冬之氣，日時是木火春夏之氣，未來
　即將發生之事，會先在夢中出現景象。

◎五行無水，易使火上升，火主亢奮，會興奮的睡不著，
　腦神經過份活躍，便會作夢。

◎局中子午沖、巳亥沖，晚上不好睡，易做夢，尤其是
　年柱的子午沖與巳亥沖更驗。

◎年柱亥、子、丑年生者，常有頭痛，不好睡，易做夢
　的情性。

斷祖上雙妻之秘訣：

◎偏印同時剋合食、傷，又生比劫者，祖上有雙妻。

◎年柱合月柱又合時柱，祖父易有雙妻。

◎食傷合官殺祖父或祖父輩易有雙妻(無合不論)。

◎年月干伏吟祖父或父輩有雙妻。

◎年干生月干又生時干祖上有雙妻。

◎年干或剋合月干及時干者，祖上有雙妻。

斷男女命情色不斷之秘訣：

◎命局得沐浴之位過多，又無印者，情色不斷。

◎男命戊辰日生者，女命丙辰日生者，桃花、異性主動
　而來。

◎命局太躁熱，水受傷或水過少之人，不論男女，均受
　情色之害。

◎命局食傷生財者，異性緣佳。

◎劫財旺者，男女命易情色不斷。

◎男命日主多合或剋過多，慾望就大，易情色不斷。

◎女命日主多合或受剋過多，慾望就大，易情色不斷。

斷男命好色：

◎日主多合又偏財多、好色、多妻妾。

◎食神、傷官透出喜歡追求，表現、愛浪漫。

◎正偏財混雜又多合者，好色。

◎日主同時生月干及生時者。

◎八字食傷生財，財旺，無印星者。

◎劫財、傷官旺者，好色。

命局看妻外情秘訣：

◎妻命局官星頭上蓋傷官，傷官又無制化、沒印星必給
　夫君戴綠帽。

◎妻命局官殺、同時貼身（月、時），無它星來剋殺或合
　殺，必給夫君戴綠帽。

◎老公命局之正財星被爭合或正財星被剋，妻異性緣特
　別好，或流年逢比、劫財星被合出，此年宜防夫妻吵
　架，一吵容易往外跑。

◎女命原局官星雙合日主，感情不專一。

例如：

時	日	月
甲	乙	甲

◎女命原局比劫雙合夫宮，夫感情不專一。

◎女命日干生月干又生時干，原局無印者，感情不專。

◎女命劫財多者，無官星，感情不專。

◎女命劫財多者，出現官、殺，常出現四腳戀。

命局斷婚姻不順：

◎八字日主多合、多剋，五行太強、太弱、多合、刑沖
太過。具備以上二項，婚姻就不順。

◎日元戊土同時遇申亥者婚姻易不順。

◎女命正官夫星為乙、丁、癸、亥、子者，婚姻易不順。

◎男命正財妻星己、戊、庚、癸、丙者，婚姻易不順。

◎日支子丑合、寅亥合、辰酉合，婚姻有待溝通。

◎男命妻星之祿位逢沖婚姻不順。

如： 日甲遇子午。日乙遇巳亥。日丙遇卯酉。
日丁遇寅申。日戊遇子午。日己遇巳亥。
日庚遇卯酉。日辛遇寅申。日壬遇子午。
日癸遇巳亥。

◎女命夫星之祿為逢沖婚姻不順。

如： 日甲遇卯酉。日乙遇寅申。日丙遇子午。
日丁遇巳亥。日戊遇卯酉。日己遇寅申。
日庚遇子午。日辛遇巳亥。日壬遇子午。
日癸遇巳亥。

從命局看母親有外情秘訣：

◎原局印星被食傷合，母親易有外情。

◎印星不合月柱，而合到其他宮位，又沖剋月柱，母親
有外情。

◎印星與財星遙隔，有它星來剋合印星，母親有外情。

◎印星被爭合，母親易有婚外情。

例如：

食	日	正	食
神	元	印	神
辛	乙	丙	辛

◎印星同時生比肩及劫財，母親易有婚外情。

◎印星同時被正官、七殺生者，母親異性緣佳。

從命局看男友或丈夫被奪秘訣：

◎正官被比肩、劫財合，男友或丈夫易被奪的象，乃爭
合所致。

◎正官被食神合，或不合入夫妻宮，合入其它宮位，一
生中所交的男友或丈夫易被奪的跡象。

◎原局正官被流年引動合出，男友或丈夫易被奪。

◎正官同時生正印及偏印者，男友或丈夫易被奪。

例如：

正官　日　偏
官　元　印
丁　庚　戊
丑
正
印

◎正官先合劫財，在合日主，易與人共夫或共男朋友。

例如：

日　正
元　印
辛　戊　申　劫
巳　　　財
正
官

斷有二次婚姻：

◎女命局官殺被合，有二次婚姻。

例如：

日　食　正
主　神　官
庚　壬　丁

◎夫星同時生兩個宮位，易有二次婚姻。

◎夫宮重現，日支與時支夫宮重現，易有兩次婚姻。

例如：

時	日
乙	己
亥	亥

◎年月正官星臨死墓絕無力，日、時偏官臨長生、沐浴、
　冠帶位有力，有二次婚姻。

例如：

偏官	日主	正官
甲	戊	乙
寅		酉

從命局看父親有多妻秘訣：

◎父親宮位同時剋合年柱及時柱者，父親必有雙妻。

例如：男命

正印	日主	偏財	正印
丁	戊	壬	丁

◎財星雙合，父親必有雙妻。

例如：女命

　　　日　偏　正
　　　主　印　財
　　　乙　丁　壬
　　　　　　　午
　　　　　　　偏
　　　　　　　印

◎財星同時生或剋兩個宮位，父有雙妻。

◎財星秉令，印逢十二長生運的死墓絕者，父多妻。

例如：女命

　　　日　偏　偏
　　　主　印　印
　　　丁　甲　乙
　　　　　申　酉
　　　　　正　偏
　　　　　財　財

◎財為父，在父母宮，當令，被合又被沖，沖合都有印
　星，父有多妻之命。

例如：女命

日主乙巳正印	偏印丁亥正財	偏印庚午偏印

◎年月相沖祖輩兄弟有人夭折或過繼他人，印星逢沖亦
　是。
◎父親有雙妻象年月干或年、月支伏吟。
◎男命偏財星，同時剋合正印及偏印者。
◎女命正財星同時剋合正印及偏印者。

斷婚前女友變卦：

◎原局正財星逢沖在前，而後日柱合財星，斷娶婚前有
　過男朋友的女人為妻。
◎財星為感情或婚前女友，年月財星逢沖，少年期間感
　情不穩定。

◎印星在前、正財在後，婚後宜以小家庭為主，感情會
更甜蜜。

例如：

日主　正印
甲　　癸　未　正財

◎財在前、印在後，婚後要不斷學習成長，感情才能更
甜蜜。

例如：女命

正印　日主　正財
壬午　乙　戊
食神

從命局看老婆、老公是二手貨：

◎財星代表男女命的感情，男女命正財被沖剋在先，而
　其次正財再合入夫妻宮，自己的對象是跟別人離
　開，再跟自己來合的二手貨。

◎男命月天干見比肩、劫財，年干為正財星，易娶離過
　婚的女人為妻。

例如：男命

<pre>
日　比　正
主　肩　財
甲　甲　乙
</pre>

◎女命月天干、見比肩、劫財，年干為正官星，易嫁給
　離過婚的男人為妻。

例如：女命

<pre>
日　劫　正
主　財　官
乙　甲　庚
</pre>

◎男命先前見妻星，之後再見妻星的長生位，與配偶生
　離、死別後再娶。

◎女命先前見夫星，之後再見夫星的長生位，與配偶
　生、死別後再嫁。

斷母親死：

◎母星入墓氣弱，墓庫被引動。

◎母星入墓氣弱，流年引動。

◎母星構成三會局全或三合局全，包含天干、地支都
　算，此時是緣份結束的時候。

斷父親死：

◎父星入墓氣弱，墓庫被引動。

◎父星入墓氣弱，流年引動。

◎父星構成三會局全或三合局全，包含天干、地支都
　算，此時是緣份結束的時候。

斷妻死：

◎妻星入墓氣弱，墓庫被引動。

◎妻星入墓氣弱，流年引動。

◎妻星構成三會局全或三合局全，包含天干、地支都
　算，此時是緣份結束的時候。

斷夫死：

◎夫星入墓氣弱，墓庫被引動。

◎夫星入墓氣弱，流年引動。

◎夫星構成三會局全或三合局全，包含天干、地支都
　算，此時是緣份結束的時候。

斷婚前失身與女命晚婚：

◎食傷在年月柱奉子女之命結婚。

◎傷官流年、限運不利婚嫁。

◎月柱與日柱天剋地沖，表示月柱運限有一個關，宜多加防範。

◎七殺在正官之前，婚前失身。

◎流年與日柱天剋地沖之年不可結婚。

◎日支伏吟，同時兩段感情。

◎女命食神、傷官與正官同柱，先上車後補票。

◎夫星屬丙、丁、巳、午火者，遇四柱中辰、戌、丑、未多者，不容易結婚或晚婚。

斷女友被奪：

◎婚前女友定位在年被月合為被奪。

◎偏財星被合，女友被奪。

◎命局比肩、劫財旺，見財星者，女友或妻被奪。

◎命局中劫財旺，沒出現任何的正、偏財星，反主異性緣佳，桃花不斷。

看女人流產秘訣：

◎日支戌見時支酉，女命易流產。

◎子息宮與羊刃合或逢合沖，曾有流產之事。

◎丁日主遇己酉時，易流產，宜謹慎小心。

◎日主戊、己土，遇己酉柱者，易流產。宜謹慎小心。

◎子息是入墓，不容易懷胎。

◎日癸卯遇丑時者，易墮胎或流產，宜小心防範。

◎女命時柱午、未、申、戌時生者，懷胎不易。

驛馬的用法：

◎傷官為驛馬，近廟輕神，外地發展之命局。

◎驛馬逢沖在年月，少年時多次搬家。

◎比肩坐驛馬，兄弟姐妹在遠方

◎客戶大多在外縣市，皆因比劫坐驛馬。

◎印星為驛馬者，一生至少搬三次家以上。

◎印星為驛馬者，一生為了學習新知，而東奔西走尋找
　　學術。

◎財星為驛馬者，一生求財在遠方或外縣市或國外。

◎財星為驛馬者，常為了感情赴外地約會。

◎官星為驛馬者，上班就職在外縣市或國外。

斷多次戀愛才會結婚：

◎官殺星重現在年月柱上又無法合入她的夫宮，最少
　　必須經過二、三次戀愛才會結婚。

◎夫宮受沖，可能早婚或先同居。

◎月干正官先剋年干劫財，再剋、合日主者，感情戀愛
　　易出現競爭對手。

◎財星在父母宮逢沖，戀愛對象，父母較不認同。結了
　　婚後，最好搬出，以小家庭為主。

◎男命年上的財星被沖。女命的正官星在年上被沖。
　　年少時戀愛不會成功或第一次婚姻會失敗。

◎女命食神、傷官與正官同柱，先上車後補票。

例如：女命

<table>
<tr><td></td><td></td><td></td><td>日</td><td>正</td><td>或</td><td>日</td></tr>
<tr><td></td><td></td><td></td><td>主</td><td>官</td><td></td><td>主</td></tr>
<tr><td></td><td>食</td><td>午</td><td>乙</td><td>乙</td><td></td><td>乙</td></tr>
<tr><td></td><td>神</td><td></td><td></td><td>庚</td><td></td><td>巳</td></tr>
</table>

日 正官 庚 午 食神 主乙

或 日主 乙 巳 庚戊丙

斷長相像父親還是像母親：

◎食傷財星旺者像父親，官殺印星旺者像母親。

◎印貼近日主者像母親。財星貼近日主者像父親。

◎先印後財，小時候像母親，長大後愈像父親。

◎先財後印，小時後像父親，長大後像母親。

◎比劫貼身，兄弟姊妹很像。

◎女命日主坐正官與老公有夫妻臉。

◎男命日主坐正財與老婆有夫妻臉。

斷女命有泌尿系統之病：

◎女命食神、傷官星被沖，泌尿系統會出現疾病。

◎女命時支午時或未時、申時或戌時生者，易有泌尿系統之病，子宮易長肌瘤。

◎女命原局火土燥熱者，或燥土剋水者，易有泌尿系統之毛病及結石之症。

◎男女命時支午火，逢地支子時，易腎臟結石。

◎女命時柱己酉，易有子宮之病變。

◎房間內的浴廁髒亂、有異味者，男女命易有泌尿系統
之病。

斷好賭博：

◎比劫多又出現財星的人喜歡賭博，錢財易被別人奪
走，也會奪別人的錢財，屬財來財去之命局。

◎比肩、劫財旺生傷官者，喜歡賭博。

◎財生七殺剋身，日主承載有力者，喜歡賭博。

◎傷官生財者，喜歡投資，加上比劫好賭。

◎印星旺又比劫多，加上傷官者，喜歡不勞而獲，好賭。

賺錢的去向：

◎天干食神、傷官生財者，喜好賺錢，也很會賺錢。

◎賺的錢易被別人支借，或花在父母身上，只要財合印
或財來破印者，是花在父母身上。被比劫所奪，是花
在兄弟、朋友身上。食神、傷官生財者，花在投資上。

◎印星來生日主，喜歡買不動產投資。

◎財生官者，賺錢會投資在事業上。

◎食傷生財又生官者，財由老婆管理。

◎財生官、官生印，賺錢會為民服務，會投入選舉，作
民意代表。

◎財破或合印者，買房子喜歡用貸款的。

斷依賴性強：

◎印星旺的人稱母慈滅子，依賴性特別強。

◎辛金旺的人，原局又沒有水火，依賴性強。

◎日主通根或比劫旺的人都很有主見、個性倔強。

◎財旺沒食傷者，依賴性強，沒有行動力。

◎食神、傷官旺沒有財星，有志難伸、學非所用。

斷妻子多病：

◎男命妻宮坐羊刃，如日柱丙午、丁巳、己巳、戊午、壬子、癸亥者，老婆在婚前身體好，但妻子進門後，身體差，大病沒有，小病不斷。

◎男命日柱為羊刃，沒有被合，妻子生育易開刀，也代表不易生兒子。

◎男命妻宮受亥水合絆，妻多病。

◎男命妻星入庫，妻多病。

夫妻學歷差距：

◎男命日支為正財,女命日支為正官者,夫妻學歷相等。

◎日干與日支同一個五行，夫妻學歷相等。

◎日主旺盛,男命財星旺或女命官星旺,夫妻學歷相等。

◎日主得印來生,男命財星得食傷生助夫妻學歷相等。

◎日主得印星相生,女命官星得財生助,夫妻學歷相等。

斷求學中斷：

◎食神逢沖、剋，求學有阻。傷官被沖、剋，求學不順。

◎食神透出的人口才好，有藝術細胞。

◎年月印星受傷或食傷，學歷不高。

◎年月官、印受傷者，學歷不高。

◎年月官、印有力者，學歷高。

斷重義不重財：

◎偏財旺而透干喜歡助人，重義不重財。

◎比劫旺，比劫奪財星，重義不重財。

◎日主庚金之人，較重義不重財。

◎比肩、劫財剋財，官殺旺者，重義不重財。

看貪污犯秘訣：

◎羊刃頭上為財之人，易因偷盜貪污而入獄。

例如：

日　偏
主　財
丙　庚　午　羊
子　　　刃
正
官

◎陽日主之人合到財星，局中不見印星或印星受傷，逢
　沖剋，易因金錢、利益而入獄。
◎傷官生財逢秋冬之氣又剋官，易因金錢，利益入獄。
◎丙火日主見天干癸，地支子、亥又見申、酉兩者，易
　因官商勾結而入獄。

斷與子息緣薄：

◎女命子息宮逢沖剋或伏吟，或食傷逢沖剋者，子息緣
　薄。
◎男命子息宮逢沖剋或伏吟，或官殺逢沖剋者，子息緣
　薄。
◎男女命時柱癸丁交戰或子午沖者，子息緣薄。
◎男女命時柱為己酉柱者，子息緣薄。
◎男女命時柱為己巳者，子息緣薄。

斷手足夭折或出養他人：

◎比劫入墓又逢刑沖，手足有損或早夭。
◎比肩、劫財被合，手足出養他人。
◎月令傷官洩比劫之氣奪兄長，時逢七殺剋比劫之星者
　兄弟無。
◎幼時兄弟夭折皆因月柱比劫逢沖。
◎月柱逢比肩、劫財被正官或七殺沖剋者，兄弟緣薄。

斷喪父：

◎男命偏財，逢沖、合入墓中，偏財引動入墓又逢三刑
之年、月喪父。

◎女命正財，逢沖、合入墓中，正財引動入墓又逢三刑
之年、月喪父

◎財星遇三合財星全或三會財星全之年、月，包括天
干、地支，此年、月緣份止。

斷四十歲前事業不穩定：

◎年月柱官星天剋地沖或官星無力，四十歲前事業不穩
定。

◎時柱為事業宮，年沖時、時沖年，自行創業易不穩定，
宜上班就業。

◎月柱為官祿宮，月日沖剋、年月沖剋，上班就職易不
順利，宜自行創業。

※羊刃的定義

地支的劫財就是代表羊刃，地支的比肩就是代表祿而劫財為羊刃，天干的劫財一樣稱為羊刃，但地支羊刃力量大於天干羊刃。羊刃代表刀又代表根，因此羊刃在哪傷就在哪，並且會留下疤痕但卻無大礙。

甲日卯時生，雖為羊刃但甲的根在卯代表甲木很穩固的札根，遇到傷害是無大礙的，只是留下疤痕。

羊刃位：甲在卯，乙在寅，丙戊在午(火土共長生，因此丙戊同在午)，丁己在巳(火土共長生，因此丁己同在巳)，庚在酉，辛在申，壬在子，癸在亥。

壬子為羊刃，傳統神煞又為黑鼠守空房，為孤鸞煞。壬子女命的官星為己、未，子為劫財會劫了壬的老公。

◎壬子、癸亥、丙午、戊午、丁巳、己巳都是自坐羊
　刃。

◎羊刃在四柱所代表的意義：

年柱- 小時候頭部受傷留下疤痕或額頭有疤痕。

月柱- 胸部留下傷疤，如受傷、開小刀或眉毛、眼睛有疤痕。

日柱- 女人生產開刀，腹部留下疤痕或鼻子、嘴巴有疤痕。

時柱- 腳易有疤，受傷，開刀或下巴有疤痕，或在 60 歲以後會有開刀的情形產生。

丁己 巳	丙戊 午	未	辛 申
辰			庚 酉
甲 卯	羊刃位置圖		戊
乙 寅	丑	壬 子	癸 亥

斷身上留有疤痕：

◎年支辛金剋乙木頭上有傷疤。

◎地支酉卯沖身上留有刀傷的疤痕。

◎羊刃在哪裏，傷就在哪裏。

◎年月木剋土，臉上有痣，也易長毛。

◎女命羊刃在時柱，生育剖腹產，或下腹部易開刀。

◎丙火受傷，額頭有傷疤。

◎地支辰、戌、丑、未土易有痣，長在身體背部。

斷有血光之災：

◎水火相沖，血光之災。地支子午沖、巳亥沖為血光之
　災。

◎金木交戰，受傷易留下疤痕。

◎甲、寅木受庚金所傷，易無妄之災，飛來橫禍。

◎寅亥合，易有慢性病。

斷青年與中年運限的劫難：

◎月柱與年柱天剋地沖，青年運限易有劫難，也代表早
　出社會，離開祖居。

◎月柱與日柱天剋地沖，中年時運限易有劫難，離鄉發
　展可化解災禍。

◎日柱與時柱天剋地沖，中年後運限易有一劫難，離鄉
　發展可化解災禍。

◎時柱與年助天剋地沖，晚年後易有劫難。重新整修家
　園可化解災禍。

斷常陰靈入侵：

◎八字中木盛剋土且體弱，易見鬼。

◎日支卯木或未土、寅木、酉金、辰土，逢亥水，易常
　陰靈入侵。

◎八字癸丁交戰，易有祖先牌位安置錯誤的問題。

◎八字地支酉金逢亥、子水，易陰靈侵入趕走祖靈。

◎日柱甲辰或乙酉逢亥水易陰靈入侵。

某十神星受制某十神星有災：

◎女命流年逢食傷星受制，子女有災。

◎女命流年官殺星受制丈夫運勢不佳。

◎男命財星受制妻子或父親有災。如有損財可化解人事
　的問題。

◎男命流年印星逢財星受制母親有疾。重新整修房宅可
　化解。

◎男女命官星受制或被流年沖、剋，事業不穩定。印星
　逢財年之沖、剋，權力不保。

斷兄弟姐妹的論法：

◎年月比劫兄弟星坐死墓絕空亡，兄弟有損傷或夭折。

◎官殺星太旺，比劫星被傷，兄弟有損傷。

◎比劫兄弟遇刑沖會合害，兄弟有損傷。

◎月令為兄弟宮，逢刑、沖、合、害、反吟、伏吟，兄
　弟有損傷。

斷婚前戀愛的論法：

◎年月為先，日時為後，年月柱有異性星，男命為財星，女命為官殺，被刑、沖、會、合、害、剋，頭二次或更多次戀愛不易成功。

◎結婚的流年地支與月支(父母宮)刑沖，雙親會反對，有阻礙。

◎流年合、沖四柱的兩柱以上，有戀情產生。

斷婚姻不順的方法：

◎夫妻星無法進入夫妻宮者。

◎夫妻星太強、太弱、多合、刑沖太過。

◎夫妻星及夫妻宮受到刑沖。

◎比劫、偏印、食傷太過，婚姻不順。

◎夫妻宮重現或沖者。

◎原局比肩、劫財旺，又出現夫星或妻星者，婚姻不順，易有第三者介入。

　　以上越多項越嚴重，宜好好經營，才能有美好的婚姻感情。

斷財運的方法：

◎財宜藏，藏則豐厚，財有庫，發則能存。官宜顯，顯者貴。

◎八字有財，衣食不缺。

◎日主有力、財多，錢財稱意。

◎月令建祿，一見財官，自然發福。

◎財星入墓，逢衝破，富有千倉。

◎發財巨萬，偏財有財必出入貴氣。乃財之財為印，
　有印日主有氣，能承載。

◎日主有力財弱，得食傷生財而富。

◎財臨庫位，不沖不發，不刑不顯。

◎印制傷官，傷官傷盡有財，聰明而富有。可靠一技
　之長得財。

◎日主無力財多，行地支印星、比劫流年發財無數。

◎印綬通根，逢財則發，逢官則貴，官透者顯達。

◎日坐傷官而且傷盡，無官殺，易發橫財。

◎辰戌丑未四庫位遇刑沖，無人不富。

◎偏財、臨官是天祿，自然之財，不勞而得。

◎戊辰日生人，先天就有很好的福蔭，財、祿自然而來。
　宜好好的惜福。

◎日主有力坐財，更在財旺之鄉，主因妻兒富，得妻財。

◎命中祿馬同貴人，福祿進金銀。亦可在命中祿、馬、
　貴之方佈局，以利於求財、官、權、貴。

◎印多行財之流年，發財無數。

◎梟神最喜財星，日主有力遇財星為福，日主無力遇財
　星為禍。

◎財多顯露，財來財去，有敗有成。乃財宜藏，藏則
　豐。

◎日元有力坐財，流年行財地則發。

◎日元土金水(戊、己、庚、辛、壬、癸日生人)，先
比後財，先貧後富。

◎日元木火(甲、乙、丙、丁日生人)行地支比劫之年，
發財無數。

◎逢財喜殺，十有九貴。逢食傷喜財，十有九富。

◎七殺有制化以官論，多出大貴巨富之人。

◎日主無力財多，見財為禍。

◎時逢財庫，晚年發跡。

◎食神逢偏印，財物耗散，有比劫反因技術得財。

◎日元土金水，歲行逢劫財、羊刃，破家敗業。

◎四柱無財守本分，出外求財易受騙，宜小心。

◎財宜藏、不宜露，藏則豐厚、露則易被劫而起爭端。

◎財官再遇財官，無印貪汙罷官。

◎財落空亡，與父緣薄，求財不易。

◎日元土金水身旺印旺，破財不聚，不如置物買家宅。

◎日主土金水四柱比劫多又行比劫流年，易守窮途。

◎日主土金水年行羊刃，剋妻破財，財物耗散。

◎日主木火，行地支比劫之流年，人際旺盛，得財致
富。

◎財福失陷，家財不聚（財星食傷俱處死絕之地）。

◎財星入墓妻子小氣，財有進無出。

◎男命辰戌丑未四庫全，乃財庫富貴之命。

◎偏財見官兼食神，財氣通門戶，榮華有准。

◎身財俱旺，衣食無缺，一生樂守家園。

斷職業的方法：

◎食傷洩秀，宜從事技藝、一技之長、技術性、口才，文學，書畫，文教，藝術、出版業等職業。

◎殺印相生，宜從事軍警或外科醫事，或企業之經理執行人員。

◎官印雙清，宜學習政治，法律。

◎財官相輔，宜學習政治，法律或財政，企業管理。

◎食傷生財，宜學習商務、金融、財政、貿易、寫作或技術性、出版商業。

◎身財兩停，宜商務、貿易、行銷等行業。

◎傷官傷盡，宜技術生財、製造業等。

◎殺刃逢印相生，宜武備，如軍事、警備等之職。

◎日主木火身旺無依，因人際得財。

◎日主無力，無承載力，最好不要獨立經營事業。

◎五行土剋水，宜流動事業或外交職務、教育之行業。

◎命帶驛馬，外鄉發跡。宜流動事業或外交之職務。

◎五行偏枯，做事多起落風波。

案例解析

偏財	日主	正財	正印
癸酉	己卯	壬辰	丙寅
食神	偏官	劫財	正官

　　癸酉為創業宮位，癸若要承載財星能力須足夠，乃癸水能量不足則會被蒸發乾，癸的能量來自寅而非酉，因此癸若要有足夠的能量需要跟長輩多加互動或是與有知名度的人多加接觸較容易賺到錢，而且年柱為腦袋要先思而後行。

　　己的印星為丙(房子)，寅代表正官(女兒)，因此要買房後結婚生子後做事業會較有自信。光有自信是不夠的，要進一步去看財的大小，丙長生在寅有三陽爻辰有五陽爻，因此丙的能量算佳，可說本命中可賺到大錢，但癸水與丙火太陽相較之下，明顯氣較弱，要等流年進入時才能獲得財利，如癸遇子為臨官位有六陽爻，可以獲得更多的財利，但是水若太旺又會使己土的印星不足反而變成有能力有自信卻苦無機會時運不佳。

　　己在酉為長生位，長生為開始、起頭，想創業時自信心不足，因為己的能量不足，己土若是能量足夠時會做了再說，到甲午年時己土能力增加為臨官之祿位，己在午會變成有自信，當八字中缺少的可利用流年來做自己想做的事。若要增加己土能量需要增加地支未土比肩的力量或透過學習（午）來產生自信。

（此案例由太乙文化事業謝天機老師筆錄提供）

斷地理環境的方法：

◎四柱木旺、土旺家居公園或學校附近、辦公大樓旁、公司行號、製造工廠旁。

◎四柱火旺，家居行政機關或易在熱鬧之環境或加油站旁，或工廠旁邊。

◎四柱戌、丑土旺易居住於農村或山丘之地。

◎辰、未土旺易居於車水馬龍之店面或高密度的住宅區。

◎四柱金旺，居家於菜市場旁或金融銀行旁、郵局旁、鐵工廠旁。

◎四柱水旺家居水澤處、養殖場、海邊。

◎庚金、辛金遇火、土可論斷鐵皮屋，又遇水可斷鐵皮屋漏水。

◎廟宇定位在丙、丁火及戌、未土，天干代表為後方，地支代表為前方。

◎年月代表左邊、日時代表右邊。年月支為左前方、日時支為右前方。

◎年月也可代表前面、明堂。

◎天干有丙火為大廟，丁火為小廟。地支有寅午戌為屋前有廟。

◎樹木：甲、寅為大樹木，乙、卯為小樹木(藤木之類)、花草。

◎年為明堂、佛廳，月為客廳、孝親房，日為主臥室，時為兒童房、廚房、廁所。

◎合成亥卯未木局或寅卯辰木局，可斷有果園或樹林。

◎庚子可斷為鐘聲或鐵工廠。出現二庚或二申可斷捷運、鐵路、鐵塔、兩條道路。

◎生長在城市的人地支有寅木可斷屋前有電線杆或路燈。

◎天干有戊土，可斷屋後有小山丘或山崗、山坡，戊戌為高樓大廈之建築。

◎甲辰為高樓大廈，指標性建築物，有水池、游泳池及地下室之建築物。

◎年月天干有甲己合，可斷屋後有一片空地。

◎日時有己壬，代表後面臨道路或路沖或有水瀑、水池。

◎地支有雙巳，可斷家住兩條馬路的交匯處（巳為路，因巳中有戊土）。

◎亥子為水為河流、為斜坡之馬路。

◎地支有雙子，家住兩條河流交匯處或有水聚集、池塘、漁塭。

◎若有一亥，可斷河流、水溝或井，己亥可斷為地下蓄水池，水池、魚池。

◎天干有壬癸，地支再有亥或子，可斷河流從前流到後面。也代表由暗變明。

◎甲、乙木之後出現辛或酉可代表果樹。有辛、酉遇水或溫度，可論為酒或石油。

十二生肖地支代表的環境類化取象

子鼠屬水類化取象：

代表池塘、水滴、雨露、下雨、加水站、冷飲店、水蒸氣、漏水處、冰水、清涼的水、暗溝、小偷、鬼魅、記憶卡、低陷處、毛筆、字畫、補習班、棋藝、醫藥、毒液、靜態的水、內勤人員。

丑牛屬土類化取象：

偏僻地方、人煙稀少、山丘之地、高突處、墳墓、冷藏之地、結霜之山、櫃子、衣櫃、櫥櫃、冰箱、冰櫃、結構體、結晶體、模具、農舍、醫院、稀有的一切人事地物。

寅虎屬木類化取象：

盆栽、桌椅、大的木製傢俱、大樹木、園藝店、公園、路燈、電桿、果樹、森林之地、木屋、木地板、木板、書籍、長銷書、圖書館、書局、小兒科、婦產科、指標性建築、學校、貓。

卯兔屬木類化取象：

小盆栽、小桌椅、植物、茶樹、籐類植物、瓜菓、文書、合約、企劃案、診所、花藝店、畫廊、小傢俱、書本、筆記簿、股票、證件、契約、開創、週刊、暢銷書、漫畫書刊。

辰龍屬土類化取象：

低窪之處、地下室、地下通道、地下停車場、水庫、漁池、水池、沼澤、山谷、懸崖峭壁、險陷之地、低陷之地、河床、田園、熱鬧之地、稻田、店面、銀行、金庫、保險箱。

巳蛇屬火類化取象：

昆蟲、草繩、飛機、飛鳥、飛蛾、最快的驛馬、太陽、大廟、公家機關、知名場所、公共場所、客廳、螢光幕、宗祠、能源、火爐、廚房、炎熱之處、大火、廣告招牌、美麗之地、亮麗、大燈。

午馬屬火類化取象：

投射燈、熱爐、宮廟、便利超市、槍砲、香火、神明、神佛、神主牌位、祭拜之處、區域的指標、火爐、香爐、電鍋、能源傳輸、供應地，液晶電視、電訊、資料、手機、電腦、展示場、電燈。

未羊屬土類化取象：

土地廟、萬應公、宮廟、熱鬧之地、曬稻場、廣場、加油站、菜市場、店面、小廟、床、衣櫃、田園、土地公、印鈔機、人口聚集之處、箱子、櫃子、抽屜、鐵板燒。

申猴屬金類化取象：

神明、佛具店、神像雕刻、電源、電線、水源、水井、鐵皮屋、汽車修護廠、鐵器、鐵塔、電塔、鐵軌、鐵櫃、鐘聲、喇叭聲、誦經聲、風聲、訊息、電話、電信、傳播之氣、刀、劍、行動力。

酉雞屬金類化取象：

低陷、沼澤之地、池塘、果樹、果園、水果、美酒、廚房、黃金珠寶、化妝品、美白、五金物品、金屬製品、小刀器、小飾品、珠寶、仙佛菩薩、骨骸、廣播器、喇叭、誦經聲、靈骨塔、墳墓。

戌狗屬土類化取象：

高樓大廈、高大建築、山上修行場所、山坡地、阻礙物、高山、水源地、電鐵塔、城牆、高突之地、別墅、宮廟、舞池、舞台、醫藥、火爐、電器用品、城隍廟、萬應公、快速印鈔機。

亥豬屬水類化取象：

競爭之地、演練、操兵、領兵、盜寇、小偷、河流、湖泊、水患、瀑布、水圳、貿易、海洋、海運、急流、殯儀館、動態性的工作性質、侵伐、業務員、通勤、汽車、運輸、地面上有速度的人、事、物。

　　以上十二生肖地支代表的環境類化取象,可用於論斷環境、人物特性及地點。比如說出生八字中有午、申、亥代表房子旁邊有小廟、宮廟、區域的指標(午),可聽到鐘聲、喇叭聲、旁邊有鐵皮屋、汽車修護廠(申),屬較動態性的工作性質。

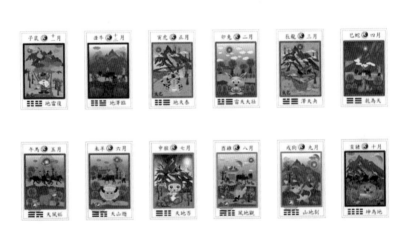

斷老婆娘家遠近：

◎財星在年月柱，娶的是同鄉女或離妻娘家近。

◎財星貼近日干的，離妻子娘家近。

◎財星坐官星可論為在公司上班認識的。稱官殺間接引出財星之事項。

◎正財星在時柱，妻子會參與工作事業。

◎正財星在月干，妻子是上班族。

◎正財星在日支，近水樓台。

◎正財星在天干，出門會帶妻子。

◎正財星在地支或隱藏在藏干，出門不會帶老婆。

斷婆媳關係：

◎天干財印相剋，地支財印相沖，印旺而財衰，婆婆較強勢，婆媳關係不好。但如果財是木，印是土，反而感情是黏密的。

◎財印為水火，同出現於天干，婆媳感情不好，眾人皆知。

◎財印為水火，同出現於地支，婆媳感情不好，屬家庭內的關係不好，外人較不知情。

◎財旺印衰，財印相剋、沖，妻子較強勢，妻不喜歡與婆婆住在一起。

酒量的看法：

◎土多的人酒量最好，因燥土吸水能力最強。

◎燥土多、火多、水少、喜歡喝酒，酒量大，千杯不醉。

◎水很多，火很少或很弱的人喜歡喝一點自酌，可是酒量不好，容易醉、臉易紅，代謝慢，也容易宿醉。

◎水多火又多酒量不好，只是禮貌上的小酌，不喜歡喝酒。

◎水少火多的人酒量好，但不會主動喝酒，只要有人邀約即暢飲。

◎地支有酉亥之人喜歡喝酒，但易醉，乃沒有火蒸發解酒精之成份。

◎地支有酉亥，日主為辛金之人，喜歡藉由酒表現自己的能力，胡言亂語、酒品不好。

斷病傷：

◎陽刃在哪，傷在哪。

　年柱為頭，月柱為胸，日柱為腹，時柱為下腹部、腳。

◎**天干傷病**：年干受剋頭部有傷病。

　　　　　　　月干受剋胸部有傷病。

　　　　　　　日干受剋腹部有傷病。

　　　　　　　時干受剋腳部有傷病或腹科之毛病。

◎**地支傷病**：年支受沖頭部有傷，不好睡。

月支受沖胸部有傷，血液循環不好、氣管不好。

日支受沖腹有傷、胃腸不好。

時支受沖腳部有傷病或腹科之毛病。

◎亥、子、丑年者，易頭痛之疾，不好睡、易作惡夢。尤其女命更驗。

◎午、未、申時生者，易有下腹之疾，女命子宮卵巢易腫瘤增生。

斷吉凶：

吉凶主要看天干、地支與流年的刑、沖、會、合、害，此外還要注意反吟(天剋地沖)，此刑沖會合害也不一定主宰吉凶，而代表的是十神星宿氣的變化，哪個十神產生刑沖會合害，就是代表哪個十神氣的起伏變化。

年柱1—20歲，幼年運；月柱17—40歲青少年運：
日柱41—60歲，中年運；時柱61歲以後晚年運。

◎年柱與月柱天剋地沖，表示20歲以前必有一傷。

◎月柱和日柱天剋地沖，表示17—40間必有一劫。

◎日柱和時柱天剋地沖，表示41—60歲間有一劫或有性命之憂。

◎時柱與年柱天剋地沖，表示61歲以後有一大劫傷，有性命之憂。

　　以上歲數之沖，只要居住環境作變動，即可化解其凶象了。傳統八字的歲數是以年柱 1—16 歲，幼年運；月柱 17—32 歲青少年運：日柱 32—48 歲，中年運；時柱 48 歲以後晚年運。但現在的社會形態一直在改變、醫學發達，大家也比較重視養生，而且學習環境也提升，已經不符合早期 16 歲後即出社會的工作形態。

十神與心性的展現

十神之星宿各有其代表涵意，但於平常生活習性裏，其表現形於外的與內在的心性表現為何呢?本單元將其特性、心態、性質作單一的解釋，讓您在八字十神星宿的應用、論斷上能得心應手，掌握住其心性，知己知彼。

十神與心性

應該的： 正官。代表不得不承受的壓力責任。

不應該的： 劫財。認為不是這樣、理所當然，凡事站在自己的立場。

付出： 食神、傷官，代表我表現。

收穫： 印星。生我的一切人、事、地、物。

正印： 氣勢不凡的先知。智慧與能量，合約，契約、文書。

```
日    正
主    印
丁    甲
```

甲木透過丁來表現(甲木的食傷)舞台，甲代表丁的智慧、正印，透過丁火舞台來表現。

不滿足： 傷官兼正財。甲木遇丁為傷官（付出），傷官丁和財星己，代表要了之後還想要，甲己合土，土不足，無法承載甲木，代表甲想要更多的財，所以有不滿足的象。

傷官	日主	正財
丁	甲	己

滿足： 正官兼正印。正官為名份、名望，正印為權力、保護，有權利的象徵。

善心： 食神兼正印。日主丁遇甲木正印，丁賦與甲木能量，丁又能付出表現，丁同時給甲和己能量。雖然己土不喜歡丁，但丁就是有心意要付出給己。

食神	日主	正印
己	丁	甲

惡心： 七殺兼劫財兼傷官。七殺破壞、劫財站在自己的立場、傷官直接掠奪。

七殺	日主	劫財	傷官
己	癸	壬	甲

劫財：善與人際互動的謀略者。丁的劫財為丙，丙為眾
　　　所皆知，人際關係好。

```
日  劫
主  財
丁  丙
```

溫順：　食神，正官，或正印。較柔和的星宿，食神陰生
　　　陰表現比較不強烈；正官為陰陽之相剋，稱之
　　　有情之剋；正印為陰陽之相生，其性全然之生
　　　助。

暴躁：　傷官兼七殺兼劫財。甲木遇到庚金劈甲木時，甲
　　　木要透過丁來釋放能量，乙木藉此劫甲木之財，
　　　故暴躁。

```
七  日  傷  劫
殺  主  官  財
庚  甲  丁  乙
```

正財：　知足常樂。單獨正財無傷官，乃日主不再炫耀、
　　　表現。

正官：　正直好人好事代表。陰陽相剋，願意接受責任、承
　　　擔壓力，付出。

七殺: 魄力威武不屈的戰者。承擔責任壓力不願束縛,
　　　會透過情緒的釋放。

可能嗎?: 正官兼傷官,或七殺兼傷官。代表懷疑,不
　　　確定,甲的正官為辛,當傷官來剋正官則是
　　　我的行為不想被約束,對於上司的命令有不
　　　確定感,比較叛逆。如庚為甲的七殺,丁火
　　　傷官驅動庚金劈甲木,產生矛盾衝突。

七殺	日主	正官	傷官
庚	甲	辛	丁

◎官殺被剋通常都不願承擔責任

確定: 正印。陰陽相生,得到自信。
不確定: 正財。陰陽相剋,想要得到更多。

責任: 正官。不得不接受的陰陽受剋。
義務: 七殺。不得不接受的陽陽、陰陰之受剋。
壓力: 正官、七殺。剋我,不得不承載的責任、義務。

食神:有福祿的自在者。表現溫和不急躁,福祿自來。
偏財:願意付出的善者。 可有可無的收入,較不重視。

失權：正印、偏印逢財沖。印星代表權利，逢正、偏
　　　財沖時權利受損。

受權：官印相生或殺印相生者。印星的印星為正官、
　　　七殺，逢之得到權利、名望。

掌權：正印或偏印。得到保護、加持。

偏印：鬼點子多的好奇者。透過不是陰陽相生，點子
　　　特別多。

謹慎：正印，食神。得到陰陽之生助，又表現溫文的
　　　食神。

比肩：　社交廣闊的能者。與我同屬性，複製之意。

傷官：多才多藝的才者。全力的表現，毫無保留。

不安：傷官、正財、正官、七殺。以正官、七殺最為
　　　不安。

安心：正印、偏印、比肩。得到生助與同屬性的同黨。

獨享：日干與正、偏財相合者(合財想佔為己有，懂得
　　　犒賞自己)。月令為正財且天干不透財者(財隱
　　　藏)。正偏印過多者(自我保護過度)。傷官重重
　　　無制者(個人主義)。獨財入墓無刑沖且比劫少
　　　者(有進無出)。都是較不願意與人分享者。

解放：正偏財剋正偏印者，寅、申、巳、亥多者，傷官
　　　見官者。都不願受人之約束，個性解放。

秀雅：天德、月德、日德、日貴、正財、正官、正印、食神、三合、六合、文昌。越多者越有智慧，聰明秀雅。

粗俗：沖、刑、傷官、劫財、七殺、申金。越多者越直接，不在意旁人眼光。

分享：劫財、羊刃多者（財星容易被劫，捨得與人分享）。比劫透干者。正偏財在天干，
財星遇劫者。食神不被破壞，食神多者。

悍妻：女命傷官旺而出干（言行直接，不願意受到約束，不遵循理法）、傷官見官、官殺混雜而日逢財生者（官殺混雜又無印星保護，無特定對象，財生官殺奪夫權）、偏印帶羊刃、羊刃沖刑、魁罡重重或逢沖剋、比劫重重。

賢妻：男女命正印得位，食神得位，正官得位，柱中見天月二德，正財、正印得位。以上越多者，妻越賢良。

拖延：正印過多（過於安逸，無行動力）、正官過多（過於約束），官殺過多，土過多無丙火者，食神過多（不主動積極）。

積極：庚、申金旺不見戊、丑、戌者（戊、丑、戌為高山之土，易阻擋庚、申之執行力，但有庚、申無高山之土也代表過於直接，不經思考。）、傷官旺，偏財旺。

好酒：八字有酉亥、酉子日干為金水土，日柱天赦日生
　　　者為戊寅（春天寅、卯、辰月生）、甲午（夏
　　　天巳、午、未月生）、戊申（秋天申、酉、戌、
　　　亥生）、甲子（冬天亥、子、丑月生），月令沐
　　　浴，火炎土燥都為好酒者。

好學：官印相生，殺印相生，食神文昌，食神配正印，
　　　傷官生財，食神生財，正、偏印有力，華蓋坐印
　　　與神佛緣。日元坐偏印或辛亥日生者，主性喜好
　　　神秘佛道。

近視：八字水火交戰、丙丁火同現。
散光：丙火被辛合、丙壬同出。

破財：流年歲運逢比肩、劫財、羊刃。是無法掌握，而
　　　且容易花在別人身上。
花錢：日主無法掌握流年、月之財星，稱之花錢，是花
　　　在自己或家人的身上。如日主乙木遇流月、流日
　　　為戊土財星花錢。
得財：日主能掌握流年、流月、流日之財星，稱之得財。
　　　如日主乙木遇流月、流日為己土、未土之財星，
　　　為得財。

外傷：天干代表外在，受刑剋，傷於外。七殺透干、官殺混雜同透天干、傷官與官、殺在天干，金木交戰、羊刃刑沖、官殺在支被刑、沖，傷官見官，易有外傷。

骨折：巳亥沖、寅申沖、卯酉沖、戌亥同現。

腰痛：地支為卯辰、子未二字、寅亥合，金木相戰，壬癸水弱，而戊己土重重。

破相：官殺在年、月干，頭面顯眼處帶易傷破相；官殺在支，肚腹下肢易帶傷破相。

政論家：七殺的攻擊性兼傷官言語之侵略性。

常搬家：巳、申、亥多者、正偏印被沖或剋，辰、戌、丑、未庫逢沖刑，年支與日支相沖、年支與月支相沖，月支與日時相沖，日支與時支相沖。都易常搬家。

攻擊力：七殺、劫財（羊刃）、傷官、比劫多者。

耐操形：比劫重重、食傷混雜、官殺混雜、八字多刑沖、財多為病、滿盤濁氣。

可能嗎？：正官兼傷官，或七殺兼傷官。無法相信別人。

好奇心：傷官。想發掘問題。

侵略者：傷官兼劫財。有主動攻擊的特性。

意志力：正財兼七殺、傷官兼財星。

公務員：官印相生。遵循公家的制度與上級、上司的指示，非要有正官不可，而且要淡泊名利，珍惜自己的羽毛、隨遇而安，非要有正印不可。所以正官加正印有公務員的命格。

吃不胖：偏印有力，梟印奪食，比肩、傷官旺盛有力，傷官生財有力，巳、申、亥多者，劫財健旺活動力強，七殺健旺、官殺混雜壓力，柱有子未、丑未消化不好或脾胃病。辰戌沖、丑未沖者。以上條件愈多，愈吃不胖。

老師特性：正印兼食神。能耐心的聽著學生的傾訴，一次又一次不厭其煩的解釋同一問題、接受學生無知錯誤的反應，所以這時非要有正印不可，而且要毫不考慮，將一切時間獻給學子，並且要細心的關懷學生點點滴滴的成長，又要能有流暢而清晰的言語表達，所以必須要有食神不可。所以老師為正印兼食神。或柱中有戊子，卯酉沖者。

熱情主動：丙火、巳火太陽。壬水、亥水侵伐。庚金、申金魄力。

膽大不拘：七殺、劫財、羊刃、傷官、日主有力能敵官
　　　　　殺。以上條件愈多愈大膽。

膽小謹慎：正印、食神、偏印過多、官殺過重，印星重
　　　　　重，日主無力承載者。

工作變動：巳、申、亥多者、官星逢沖、剋、合，正偏
　　　　　印被沖剋者。

不拘小節：羊刃、劫財、傷官、七殺、刑沖，傷官剋官、
　　　　　傷官與官星同柱，或配置失宜，吃相狼狽難
　　　　　看。

逢場作戲：傷官透干、傷官見官。官殺混雜、食傷混雜、
　　　　　正財帶合。

小人纏身：年歲逢比肩、劫財、傷官。柱中比劫奪財，
　　　　　一生多破耗，多遇小人纏身。
　　　　　如：日元甲木見流年乙木者。八字有甲、乙、
　　　　　丙、丁、己、寅、卯、辰、巳、午、未、酉，
　　　　　遇流年、流月亥水者。

腸胃不好：八字有土剋水，八字木多剋土、火土燥熱，
　　　　　申亥在日、時者。

軍警特性：劫財兼七殺。

　　有積極的行動力、勇猛性為劫財的特性，攻擊力、有強烈不屈的意志及嚴格的紀律，為七殺的特性，因而軍警人員非有劫財（羊刃）的特性不可，非要有七殺攻擊性不可，所以是劫財加七殺的組合。

優秀子女：男命的正官有力不被破壞，或七殺有力不被破壞，七殺有制，食神健旺，或時柱干支為喜用者。

愛心護士：正印兼食神。一個令人欽佩，願意付出愛心的護士，正印的愛配合食神的付出。

偉大的母愛：一個辛苦偉大的母親，必須有正印的愛配合食神的付出，是位偉大的母愛。

威權主義者：七殺及傷官。七殺的破壞力、直接加上傷官的魄力、表現。

好動的星宿：驛馬、八字多刑沖、傷官、劫財羊刃突顯，丙、巳、壬、庚、申、亥多者。以上越多者、越好動。

好名好利者：好名即為傷官，好利即為正財，故而名利的愛好者，為傷官加正財旺者。如沒有印星來約束傷官的保護，易成為不擇手段。

敢於與眾不同：傷官加劫財、傷官加羊刃、比劫重重、
　　　　　　　羊刃帶七殺、身旺殺旺。傷官出干、傷
　　　　　　　官旺盛有力，傷官生財者，都是敢於與
　　　　　　　眾不同。

文筆、寫作：正印得用、偏印得用、傷官得用、食神得
　　　　　　用、文昌、火日干與壬癸配合得宜，水日
　　　　　　干與丙丁配合得宜，官印相生、木火通
　　　　　　明，善於寫作，文筆暢通。

感情及姻緣：三合、六合正偏財星者，逢桃花、沐浴、
　　　　　　紅鸞、天喜、干祿入命者。
　　　　　　男命逢正財、偏財、合財、合日柱者。
　　　　　　女命逢正官、七殺、合官殺、合日柱者。
　　　　　　此為感情姻緣入命。

肥胖的因素：能吃能喝，不挑食，食神有力，食神暗藏，
　　　　　　癸日干旺、己日干旺，正印有力，日干帶
　　　　　　合。局中驛馬星、丙火少者。都易為肥胖
　　　　　　的因素。

能者多勞型：食神健旺，傷官健旺，時柱干支為喜用者，
　　　　　　或食神生財者，或傷官生財者，或丙、巳、
　　　　　　庚、申旺者。。

五術研究者： 華蓋、偏印、傷官、食神多者、偏財多
者。身體多病者、家庭運不佳者、事業
感情不順者，都為五術研究的愛好者。

　　地支辰戌丑未代表華蓋(代表土，與五術有關)，偏
印多的(為智多星較會聯想)，傷官和食神(較會講話變
通)，偏財多(陽剋陽或陰剋陰，想從旁門左道取得財
星。正財是勤儉累積金錢)，正印受傷(代表身體虛弱，
40歲前接觸神佛通常是有家庭問題或身體有疾病的人)。
食神傷官，印星多的都適合學五術，印星代表靈感，透
過靈感由傷官來表現。

　　有些人是印星強但無食傷則是不敢表現，會有受限
的情形，雖沒有食傷但仍可訓練。

無紀律無組織： 傷官無印制，驛馬逢沖，劫財、羊刃旺
無制。日支亥水無制，無透丙火太陽或
巳火者。財旺破印，印無力者。大都目
無王法。

傳教士的特性： 能耐心、用心的聽人傾訴，不厭其煩解
釋同一問題，要有正印，而且要用好言
好語及流暢的語文表達，也要有食神。
所以老師的特性與傳教士的特性，都必
須正印配食神。有愛心的護士也要有正
印配合食神。

與色欲有關的星宿：桃花星，沐浴星（月令或日支為
重），多者紅豔，男命偏正財混雜，
女命官殺混雜，干支多合者，財多
無印者，傷官無制又生財者，食傷
多者。

桃花星：　寅午戌年、日桃花在卯。
　　　　　申子辰年、日桃花在酉。
　　　　　巳酉丑年、日桃花在午。
　　　　　亥卯未年、日桃花在子。

沐浴星：　甲日沐浴在子、乙日沐浴在巳。
　　　　　丙日沐浴在卯、丁日沐浴在申。
　　　　　戊日沐浴在卯、己日沐浴在申。
　　　　　庚日沐浴在午、辛日沐浴在亥。
　　　　　壬日沐浴在酉、癸日沐浴在寅。

☆以上為八字論命之工具、訣竅、口訣，因編幅的關係，只作部分序述介紹，於往後著作「八字」系列書籍中有更多、更多的斷訣、應用及實例分析，讓您快速掌握八字命理精髓，成為一代八字大師。請拭目以待！

　　感謝您再次閱讀易林堂發行之著作，也歡迎您加入「太乙文化事業終身師資班」的學習行列，減少走很多的冤枉路，及減少花費冤枉錢。目前於每星期的三、四、五開課，以小班制，7人以上開班（不足7人將會縮短時數），每期80小時。

◎「八字時空洩天機」火集於103年10月出版，雅書堂出版，有完整六十甲子的一柱論命解說，及實戰案例分享，敬請拭目以待。

太乙（天易）老師經歷簡介

經歷：79年成立太乙三元地命理擇日中心，開始從事命理諮詢、陽宅、風水、堪輿服務，目前積極從事推廣五術教育，用大自然觀象法理論教學及諮詢服務。

現任：台南市救國團命理五術指導老師

　　　台南市國立生活美學館（前社教館）授課老師

　　　附設長青生活美學大學（前社教館）授課老師

　　　高雄市救國團(高雄學苑)命理八字　指導老師

太乙（天易）老師著作簡介

◎七九年統一日報命理專欄作家，著作「果老星學祕論」

◎八十年著作中原時區陰陽對照萬年曆，文國書局出版

◎九九年十月著作的中原時區陰陽對照彩色版萬年曆

◎一百年八月著作「窮通寶鑑評註」，筆名：太乙　。

◎一百年十月著作「八字時空洩天機-雷集」。雅書堂

◎一零一年三月出版「八字時空洩天機-風集」。雅書堂

◎一零一年七月出版「史上最便宜、最豐富、最實用彩色精校萬年曆」易林堂。以下都由易林堂文化出版

◎一零一年八月出版《教您使用農民曆》易林堂出版

◎一零一年九月出版《教您使用農民曆及紅皮通書的第一本教材(上冊)》。易林堂文化出版

◎一零一年十一月《解開神奇數字代碼一》易林堂

◎一零一年十二月《解開神奇數字代碼二》易林堂

◎一零二年元月《八字十神洩天機-上冊》易林堂

◎一零二年七月《八字決戰一生/生肖占卜篇上、下冊》

◎《八字決戰一生/生肖占卜下冊專解篇 DVD 教學》

◎一零二年九月《八字決戰一生/先天易數白話專解篇》

◎一零三年四月《八字十神洩天機-中冊》易林堂

《八字決戰一生》系列全套書籍，陸陸續續出版中

◎一零三年十月「八字時空洩天機-火集」雅書堂即將出版，請拭目以待

太乙文化事業八字師資班面授簡介

課程內容：

1. 五行及十天干、十二地支申論類化 。
2. 八字排盤定位、大運、流年。 3. 地支藏干排列組合應用法。
4. 十神申論類化，六親宮位定位法則 。
5. 刑、沖、會、合、害、申論、變化、抽爻換象法。
6. 格局取象及宮位互動變化均衡式論命法。
7. 十二長生及空亡應用論斷法。 8. 十天干四時喜忌論命法。
9. 長相、個性、心性論斷法。 10. 父母宮位、緣份、助力論斷法。
11. 兄弟姊妹、朋友、客戶緣份或成就論斷。
12. 桃花、感情、婚姻、外遇及夫妻緣份之論斷。
13. 夫妻先天命卦合參論斷法。 14. 考運、學業、成就論斷。
15. 子息緣份及成就論斷。 16. 財富、事業、官貴、成就論斷。
17. 疾病、傷害、疤痕申論類化論斷。
18. 神煞法的應用、論斷及準確度分析。 19. 數目字演化論斷。
20. 陽宅、陰宅、方位及居家環境申論類化。21. 六親定位配盤法。
22. 大運準確度分析、流年、流月、流日起伏論斷、應期法。
23. 掐指神算演化實戰法（不需任何資料就能掌握住對方的過去、現況及未來，快、狠、準）。
24. 六十甲子論斷法，一柱論命法，將每一柱詳細作情境解析。及一字論命法、氣候論命法、時間論命法。
25. 干支獨立分析論斷法。 26. 命卦合參論斷法。
27. 奇門遁甲化解、轉化法。 28. 奇門遁甲時空造運催動法。
29. 綜合實戰技巧演練，及成果分享。

　　以上課程總時數102年下半年度起改為80小時(含演練，及成果分享)
◎課程前20分鐘複習上一堂的課程，以便進度銜接
◎課程以小班制為主，7人以上開班(不足七人將會縮短時數)
◎另有一對一的課程，時間彈性，總時數約56小時(7個月之內

完成），也可以速成班方式學習，馬上能學以致用。

　　以上1～8大題讓你將五行、十天干、十二地支、十神、六親及刑沖會合害，深入淺出，往下延伸類化，是實戰重要的築基篇，不可跳躍的課程。

9～18　大題是人生的妻、財、子、祿論斷技法分析演練，
　　　　讓你掌握住精髓，快速又準確。

19～23　大題是職業八字論斷祕訣，是坊間千古不傳之祕，
　　　　讓你深入其中之祕，讚嘆不已。

24～26　大題，讓你一窺八字結合易經、數字之妙，體悟祕
　　　　中精髓，深入觀象類化，再窺因果之祕。

27～28　大題，讓你掌握造運之竅，催動無形能量，創造磁
　　　　場。

◎上課中歡迎同學提問題發問，乃可當實例解說，所以以上的課
　程內容及應用論斷法，會以同學提出的案例解析，直接套入應
　用說明演練，作為直斷式
　解　說演練。
　　課程結束後，不定時回訓及心得分享

◎102年7月起上課總時數，以此調整的時數為主
◎有再開八字課程時，可無限期旁聽複訓◎

　　　歡迎您加入「太乙文化事業終身師資班」的學習行列，讓您減少走很多的冤枉路，及減少花費冤枉錢，快速學以致用。每逢星期三、四、五開八字終身班課程，歡迎電話洽詢安排時間。

※103年7月3日，八字終身師資班第七期
　正式開課，歡迎報名參加(可插班)。

電話洽詢：0982571648　　0929208166　　楊小姐
　　　　　06-2131017　　　06-2130327　　杜小姐

八字決戰一生系列書籍介紹

八字決戰一生完整的整套系列編輯書籍介紹

1. 2. 生肖占卜篇　上、下兩冊

　　數字占卜是透過十個數字的交媾，產生100 組互動關係，而生肖占卜篇者可應用於地支與地支的交媾組合，作詳細的延申推演，包含個人生肖與週遭人事之對待關係，共有 144 組的不同人事互動組合，也可透過精心設計的十二地支占卜牌卡，作為占卜的應用，讓您即時掌握人事之對待、財運機會、工作事業、婚姻感情、找到屬於自己命中的貴人，共十二項應用對照，超高準確度，可隨時隨地應用、查詢，是學習八字陰陽五行推演最好的活字典，也是開館諮詢師必備的生財器具書籍。生肖占卜篇上冊是將生肖與生肖的對應關係作詳細的解析．可用於人事的對待、八字四柱宮位的對待關係，作為八字推演的訓練、應用、查尋。下冊者是將每一組生肖地之與生肖地支的對待關係分成十二大項目，作細項的解析應用對照。(上、下冊二本共 1064 元，特價 798 元)。

3. 先天易數白話專解篇

平裝 288 頁　　定價 451 元

　　先天易數是按先後天數的卦理配數組合而成的五百一十二條卦詩，以八為度，每一方主註卜事有八件，而八方共有卜事六十四事，為六十四卦。再每八件上註一卦名，而八方共成八卦，此以伏羲之先天作為天盤，按乾一、兌二、離三、震四、巽五、坎六、艮七、坤八。而另設一圖後天易數盤，也是以八為度，圖上註八事，八圖共得卜事六十四事，為六十四卦，再每圖上註一卦名，即後天的坎、艮、震、巽、離、坤、兌、乾之方位，此為文王的後天八卦，即作為地盤。將天地二盤相合，先天用數、後天用卦，順時針方向挨數，即知先後天蘊孕之妙。

八字決戰一生系列書籍介紹
即將出版　敬請期待！

4. 數字占卜篇　上、下兩冊及專解細項篇

　　數字交媾應用組合，延申 100 組數字的互動關係，每一組數字作詳細的延申推演，再針對婚姻感情、工作事業、身體健康、財運、人際、工作等十二項目作詳細深入的解析，準確度達到95%，隨時隨地可以應用、查詢，如同請一位專業命理諮詢師回家，隨時隨地可諮詢，也是學習高級八字論斷推演最好的一本活字典。

5. 開運應用篇	6. 易經連結篇
7. 學理推演篇	8. 十神對待篇
9. 一柱論命篇	10. 公式口訣篇
11. 六親緣份篇	12. 生日數字篇
13. 時空契機篇	14. 擇日開運篇
15. 實戰案例篇	16. 風水開運篇

此系列書籍於生肖的占卜篇上、下冊有詳細的書籍大綱介紹

　　本套書的精華在於用大自然法則為學理根據，並山、醫、命卜、相只有一套學理標準，完全可連結任何學術。陸續在出版中，敬請期待。

現書供應中，歡迎郵購 或至全省各大書局購買

太乙老師書籍介紹

八字時空洩天機【雷集】 軟皮精裝 訂價:380 元 作者：太乙

　　《八字時空洩天機》是結合「鐵板神數」之理論，利用當下的時間， 作為一個契機的引動，也將一個時辰兩個小時的組合轉化為一百二十分鐘，再將一百二十分鐘套入於十二地支當中，每十分鐘為一個變化、一個命式，套入此契機法，配合主、客體的交媾直斷事項結果， 結合第五柱論命的原理，及易象法則與論命思想精華匯集而成的一套學術。　　本書突破子平八字命理類化的推命法則，及同年同月同日同時生的迷惑，而且其中的快、準、狠讓求算者嘖嘖稱奇。以最自然的生態、日月運行交替、五行變化，帶入時空，運用四季，推敲八字中的奧妙與玄機。

雅書堂出版

八字時空洩天機【風集】 軟皮精裝 訂價:380 元 作者：太乙

　　《八字時空洩天機》是結合「鐵板神數」之理論，利用當下的時間，作為一個契機的引動，也將一個時辰兩個小時的組合轉化為一百二十分鐘，再將一百二十分鐘套入於十二地支當中，每十分鐘為一個變化、一個命式，套入此契機法，配合主、客體的交媾直斷事項結果，結合第五柱論命的原理，及易象法則與論命思想精華匯集而成的一套學術。《八字時空洩天機》【風集】則從最基礎的《易經》六十四卦原理、五行概念、八字基礎，以十神篇，說明《八字時空洩天機》的命理基礎，再運用契機法，算出自己想知的答案， 讓你在輕鬆的氛圍中，領悟出相關卦象及自然科學生態循環之要點， 不求人地算出自己的前程未來。

雅書堂出版

「八字時空洩天機－火集 」10月即將出版 請拭目以待

八字十神洩天機【上冊】作者：太乙 易林堂 定價：398 元

　　「八字十神洩天機－上冊」是再次經過精心設計編排的基礎五行、十天干、十二地支、十神特性論斷，彙集十神生成導引之事項細節延申、時空論斷及推命之步驟要領、論命之斷訣、八字天機秘論、個性導引十神代表，以及六十甲子一柱論事業、公司、老闆、六十甲子配合六十四卦、一柱斷訣之情性，結合時空論命訣竅及易經原理、直斷訣，論命技巧與思想、精華串連起來彙集而成的一套學術更是空前的編排組合。

先天易數占卜整套工具組合

　　可上網觀看，教導如何使用先天易數的 DVD 影片，講解八卦先天數的排列組合，及後天數的排列應用與占卦的步驟及注意事項。讓您馬上能應用先天易數作為占卜的工具，成為占卜大師，快速、明確，不會模稜兩可。

全套工具組合 1. 2. 3. 4. 共 2090 元，特價 1230 元

1. 一面彩色繡布印製「先天易數」的先後天挨數盤一面(面寬約 58 公分x42 公分)。訂價:600 元

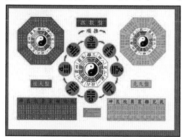

2. 五百一十二條卦詩(無白話註解)，可供給客人占卜查看卦詩用。全書一百二十八頁。**訂價:239 元**
3. **五百一十二條卦詩有白話註解，可自己查詢使用。全書288 頁。訂價:451 元**
4. 牌卡一副四十三張:牌卡五張**(自行切開成十張圖卡，先後天各 1 圖卡、八卦圖卡 8 張)**，另一組三十二張八卦卡(用於先天易數取數用，也可用於易經占卜用)，及六張動爻牌卡(用於易經占卜動爻使用)。**訂價:800 元**

八卦牌卡　　　　　　動爻牌卡

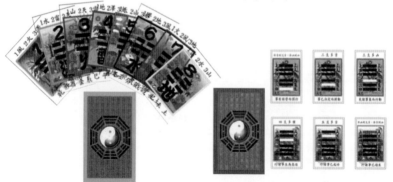

十二生肖地支占卜法秘訣面授

（附送 DVD 三集，數字天干、生肖牌卡共二副，生肖占卜教材上、下冊二本、專解下冊十二項推理來源一本）

　　太乙老師親自面授，指導十二生肖地支占卜的實戰應用。簡單、易學、實用價值高(也可訓練八字的推理、解象，也可連結八字、擇日學、姓名學、陰陽宅學)，不用任何資料，基礎，只要有興趣，透過太乙為您設計的十二生肖占卜牌卡，就可速成。

◎ **面授選擇**：面授、諮詢指導兩個小時就可學成，讓您馬上成為占卜大師。學費每人壹萬貳仟捌佰元「含教材上、下冊二本。附送現場教學 DVD 數字天干、十二生肖三集共約五小時五十分(可反覆複習)、十二生肖占卜牌卡一副(48 張)與數字天干牌卡一副(40張)及生肖占卜篇專解下冊十二項目的推理由來 320 頁一本　」。
　　預約電話:(06)2131017　(06)2130327

◎ **面授、諮詢 :** 0982571648　0929208166　楊小姐
　　購買選擇：可先購置現場教學 DVD 三集(共約五小時五十分)，原價 4400 元，特優價 3200 元。再免費附送十二生肖牌卡一副與數字天干牌卡一副及生肖占卜篇專解下冊十二項目的推理由來一本。　建議可先購買觀看預習後再面授，效果更佳。回來面授時，可由 12800 元再扣先前購買的 DVD 3200 元，再補足 9600 元即可。

　　八字決戰一生/生肖占卜下冊專解篇是將這十二大項目細項推演作學理的交待，可訓練推演論命解盤的功力。看完生肖占卜篇這三冊會讓您大吃一驚，單用這十二個生肖地支的符號，就能直接作有效得人事應用對待及占卜，而且不模糊，快、狠、準。　傳統的學術不是不能用，而是解讀的時候速度不快，判斷時模稜兩可，學理較沒有依據，看不到來源，而且各家解讀不一，成了爭辯。但我們的學理依據簡單，您又看得到數據，讓您有信心切入作論斷解析，而且學習進入快、應用快，答案明確。再透過太乙為您錄製三卷 DVD 十天干與十二地支的應用，相信您在實戰應用方面已掌握了最佳的時效，在此恭喜您！八字決戰一生的整套系列書籍，已陸陸續續完成初版，謝謝您的支持。

千載難逢的自然生態八字命理 DVD 寶典出爐了
鐵口直斷的切入角度 讓您茅塞頓開
馬上讓您快速進入命理堂奧

八字時空洩天機教學篇（初、中級）易林堂出版
特優價：3980 元（此套內容等質於外面 36000 元的內容）

「八字時空洩天機-雷、風集」的基礎理論及中階課程已錄製好現場教學DVD影片，共有10集，每集約1小時30分鐘，此套課程由「十天干、十二地支的基礎，延申，八字排盤、掌訣、大運排法，刑、沖、會、合、害的延申、應用實際案例解析，太乙兩儀卦應用、實戰、分析，讓您掌握快、狠、準的現況分析」；全套10集共約15小時（價格低於市價，市價平均每小時六佰元），原價六千六百元，優惠「雷、風集」的讀者三千九百八十元，再附送彩色萬年曆及「十神洩天機-上冊」一本，是學習此套學術最有經濟價值、最好最划算的一套現場教學錄製DVD，內容活潑生動，原汁原味，可反覆播放研究，讓您快速學習到此套精華的學術。

看過此DVD保證讓您八字功力大增十年。

◎購買以上 DVD 兩個月內，觀看影片內容有任何問題歡迎來電諮詢

※電話諮詢時間：
   星期一至星期五早上 10:00～11:00　下午 4:00～5:00
   諮詢專線:06-2131017　(06)2130327（楊小姐、杜小姐）

以上書籍、DVD
   訂購方法：1.請撥 06- 2131017
   　　　　　　　　06- 2130327（楊小姐、杜小姐）
   　　　　　　2.傳 E-mail 到 too_sg@yahoo.com.tw
   　　　　　　3.傳真訂購專線：06-2130812

請註明訂購者姓名、電話、地址以及購買內容
付款方法：郵局帳號：局號 0031204 帳號 0571561
　　戶名:楊貴美(可用無摺存款免付手續費)

請搜尋　**太乙文化**　部落格有詳細資料